LVF Legione dei volontari francesi contro il bolscevismo - di Massimilliano Afiero. RK020 Prima edizione Dicembre 2024 by Luca Cristini Editore per i tipi Soldiershop - Ritterkreuz Special.
Cover & Art Design by Soldiershop factory. ISBN code: 979125589-1970
First published by Luca Cristini Editore, copyright © 2024. No part of this publication may be reproduced, stored in a retrieval system or transmitted by any form or by any means, electronic, recording or otherwise without the prior permission in writing from the publishers. The publisher remains to disposition of the possible having right for all the doubtful sources images or not identifies.
Visit www.soldiershop.com to read more about all our books and to buy them.

In merito alle serie Ritterkreuz e The Axis Forces ecc. l'editore Soldiershop informa che non essendone l'autore ne il primo editore del materiale pervenuto per la stesura del volume, declina ogni responsabilità in merito al suo contenuto di testi e/o immagini e la sua correttezza. A tal proposito segnaliamo che la pubblicazione Ritterkreuz tratta esclusivamente argomenti a carattere storico-militare e non intende esaltare alcun tipo di ideologia politica presente o del passato cosi come non intende esaltare alcun tipo di regime politico del secolo precedente ed alcuna forma di razzismo.

Massimiliano Afiero

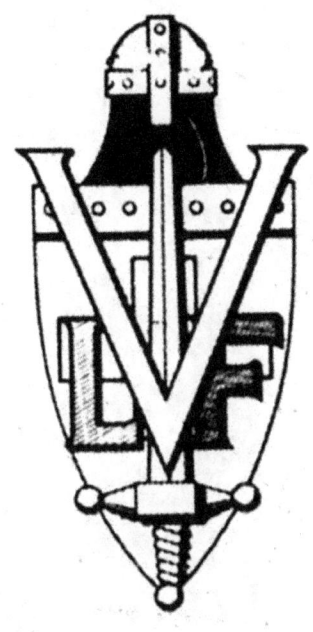

LVF
La Legione dei Volontari Francesi contro il bolscevismo 1941-1944

Legione dei Volontari Francesi contro il bolscevismo

La Legione dei volontari francesi

Durante la Seconda Guerra Mondiale, migliaia di volontari francesi si arruolarono nelle forze armate tedesche, in seguito all'occupazione militare del loro paese avvenuta nell'estate del 1940. Dopo l'armistizio franco-tedesco del 22 giugno 1940, il territorio francese era stato diviso in due zone: la Francia settentrionale con Parigi e tutta la fascia costiera atlantica era stata posta sotto l'occupazione militare tedesca. Nel resto del paese, il maresciallo Pétain formò un governo con sede a Vichy autorizzato dai tedeschi, al quale fu lasciato il controllo delle colonie d'oltremare nonché il mantenimento di un piccolo esercito di polizia con una forza non superiore alle 100.000 unità. Con l'inizio della guerra sul fronte dell'Est, nel giugno 1941, la crociata contro il bolscevismo raccolse larghi consensi anche in Francia e come era già successo negli altri paesi europei fu decisa la formazione di una Legione volontaria francese per partecipare alla lotta sul fronte dell'Est, la Légion des Volontaires Français contre le bolchevisme (LVF). *La legione fu denominata ufficialmente 638° Reggimento di fanteria rinforzato francese, (Verstärktes Franzosische Infanterie- Regiment 638) organizzato su due battaglioni. Dopo essere stata impegnata sul fronte di Mosca durante il terribile inverno del 1941, i legionari francesi furono impegnati in seguito esclusivamente nelle retrovie come forza di sicurezza contro le bande partigiane. Nel 1942 in Francia, in occasione del 1° anniversario dell'attacco tedesco alla Russia, il governo di Vichy tentò di creare una propria legione nazionale da inviare sul fronte russo per sostituire la LVF considerata un'unità troppo tedesca. Alla legione fu dato il nome di* Légion Tricolore, *ed il comando fu affidato al colonnello Edgar Puaud. Il 12 luglio 1942, Joseph Darnand, ispettore generale del* Service d'Ordre Légionnaire *di Vichy, annunciò ufficialmente che la Legione Tricolore avrebbe combattuto al fianco dell'asse in Europa ed in Africa. A differenza della LVF, i membri avrebbero indossato uniformi francesi e non tedesche. Il 28 agosto 1942, fu organizzata a Vichy una grande cerimonia per ufficializzare la nascita della Legione Tricolore alla presenza dell'ammiraglio Darlan e Otto Abetz, ambasciatore tedesco in Francia. I tedeschi tuttavia non si mostrarono molto interessati alla Legione Alla fine del 1942, dopo lo sbarco americano in Nord Africa e l'invasione italo-tedesca del territorio di Vichy, le autorità germaniche sciolsero questa formazione ed i suoi effettivi per la maggior parte andarono ad ingrossare le file della LVF, compreso lo stesso Puaud che ne prese il comando. Nel giugno 1944, i reparti francesi della LVF, guidati da Puaud, ritornarono ad essere impegnati contro le forze regolari dell'Armata Rossa. Nel settembre 1944 fu deciso di riunire tutti i volontari francesi arruolati nelle forze militari e paramilitari tedesche (LVF, Kriegsmarine, NSKK, Organizzazione Todt, Milizia francese) in una nuova brigata SS, la* Waffen-Grenadier-Brigade der SS 'Charlemagne', *che successivamente diventerà la* 33.Waffen-Grenadier-Division der SS 'Charlemagne'. *I reparti SS francesi furono impegnati nel febbraio 1945 sul fronte della Pomerania, finendo quasi annientati. In seguito, un battaglione d'assalto della divisione combatterà nell'ultima battaglia di Berlino.*

Massimiliano Afiero

Legione dei Volontari Francesi contro il bolscevismo

Cap. I) Formazione della Legione

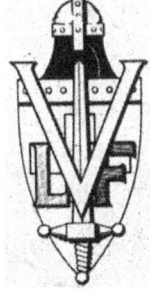

Il 22 giugno 1941 le forze armate tedesche invasero la Russia, iniziando così la nuova campagna sul fronte dell'Est. Seguendo l'esempio degli altri paesi alleati o occupati dai tedeschi, anche in Francia, la propaganda inneggiante alla Crociata contro il Bolscevismo raccolse larghi consensi e soprattutto spinse tanti giovani europei ad arruolarsi nelle cosiddette legioni volontarie. E così, il 7 luglio 1941, i capi dei vari partiti e movimenti di destra della Francia di Vichy[1] si incontrarono all'Hotel *Majestic* di Parigi per discutere la formazione di una unità volontaria francese da inviare sul fronte russo al fianco dei tedeschi. Nello stesso tempo, fu inviata una richiesta ufficiale alle autorità tedesche nella zona occupata. Il giorno dopo, i giornali di Parigi annunciarono la creazione della *Lègion des Volontaires Français contre le bolscevisme* (LVF).

Alcuni dei capi politici che appoggiarono la formazione della legione volontaria francese: da sinistra, Pierre Costantini, Marcel Déat, Eugène Deloncle e Jacques Doriot.

Un ufficio di reclutamento a Parigi.

La LVF ebbe dunque una genesi politica, dal momento che tutti i partiti della Francia occupata si adoperarono per la propaganda: il Movimento Sociale Rivoluzionario (MSR) di Eugène Deloncle, il Partito Popolare Francese (P.P.F.) di Jacques Doriot, il Raggruppamento Nazionale Popolare (RNP) di Marcel Déat, la Lega Francese di Pierre Costantini, il Partito Francese Nazionale Collettivista di Pierre Clementi ed il *Front Franc* di Jean Boissel. Nella Francia di Vichy, il reclutamento dei volontari fu invece affidato ad un Comitato d'Azione a Marsiglia organizzato da Simon Sabiani. Il 18 luglio 1941, il Comitato della LVF, formato dai responsabili di tutti i movimenti politici prima citati, organizzò al velodromo d'inverno di Parigi, la sua prima manifestazione, dove accorsero più di diecimila persone. Grazie all'appoggio di Otto Abetz,

Legione dei Volontari Francesi contro il bolscevismo

ambasciatore tedesco a Parigi, le operazioni per la formazione dell'unità volontaria francese proseguirono rapidamente. Il governo di Vichy, almeno inizialmente non fornì il suo appoggio ma non ostacolò comunque il progetto. Il compito di reclutare volontari, organizzare la propaganda e la stessa assistenza ai legionari ed alle loro famiglie, fu gestito completamente dallo stesso Comitato della LVF.

Manifesto di propaganda della LVF: *"Sotto le pieghe della bandiera, la legione dei volontari francesi combatte per l'Europa"*.

L'entrata della caserma di Borgnis-Desbordes.

Campagna arruolamenti

Furono aperti numerosi uffici di reclutamento sia nella zona di occupazione tedesca sia in quella di Vichy. Giunsero volontari da tutta la Francia: tra loro, molti simpatizzanti della Germania, di Hitler, del Nazionalsocialismo, semplici avventurieri, ex-comunisti, anarchici, idealisti ed anche dei russi esiliati. La convocazione dei primi volontari ebbe luogo il 27 agosto, presso la caserma Borgnis-Desbordes a Versailles. All'entrata dell'edificio sventolava la bandiera francese, la prima bandiera nazionale che sventolava dopo la firma dell'armistizio franco-tedesco del giugno 1940. Il primo giorno si presentarono quasi 1.700 volontari, di cui solo

Legione dei Volontari Francesi contro il bolscevismo

800 riuscirono a superare le visite mediche dei severi medici tedeschi. Gli aspiranti legionari provenivano da tutte le categorie sociali: pompieri, postini, militi della Legione Straniera, poliziotti. Tra essi anche Jean, conte di Mayol de Lupé, Monsignore della curia romana ed amico intimo di Papa Pio XII. All'età di 68 anni, si arruolò nella LVF, per assicurare i conforti religiosi ai volontari francesi che andavano a combattere il bolscevismo ateo. Fu promosso per ordine speciale di Himmler, al grado di *Leutnant*.

Un'altra foto dell'entrata della caserma di Borgnis-Desbordes a Versailles il 27 agosto 1941.

Monsignor Jean, conte di Mayol de Lupé.

Monsignor de Lupè partecipò a tutte le battaglie della Legione sul fronte dell'Est, rivelandosi in seguito uno dei maggiori artefici del passaggio dei volontari francesi nella *Waffen-SS*. Alla fine della campagna arruolamenti, dei 13.400 aspiranti che si presentarono in totale, solo 2.500 furono accettati: molti aspiranti furono scartati per problemi di salute, per l'età troppo avanzata ma anche per non avere una fedina penale immacolata. Con questi effettivi fu pianificata la formazione di un'unità reggimentale su due battaglioni. Come primo comandante della legione volontaria francese fu scelto il sessantenne colonnello Roger

Legione dei Volontari Francesi contro il bolscevismo

Henri Labonne. Nato il 9 febbraio 1881 a Parigi, Labonne 'vecchio' ufficiale dell'esercito francese, era un docente di Storia militare ed aveva già combattuto durante la Prima Guerra Mondiale e nelle guerre coloniali francesi. Durante la campagna del 1940 contro i Tedeschi Labonne era rimasto nella riserva dell'esercito francese.

A sinistra, il colonnello Roger Henri Labonne con l'uniforme tedesca e lo scudo da braccio con la scritta *France* (primo modello). A destra, un libretto di propaganda stampato dal Comitato della LVF. Il testo sulla copertina, dove c'è anche la bandiera della Legione, recita: *"Per difendere la Francia, arruolati nella Legione dei volontari francesi contro il bolscevismo"*.

Il 3 settembre 1941, nel corso di una cerimonia ufficiale, fu consegnata ai legionari francesi la bandiera da combattimento dell'unità, ricamata in oro e con la scritta *"Honneur et Patrie"* (Onore e Patria) su una facciata della stessa (dall'altra parte c'era la scritta: *"Légion des Volontaires"*).

Formazione dell'unità

Partenza dei primi volontari per il campo di addestramento.

Il 4 settembre 1941, il primo contingente di 828 volontari partì per il campo di addestramento di Debica in Polonia. Il 20 settembre giunse il secondo contingente dalla Francia, che permise di completare la formazione del II battaglione. Poiché la Francia non era ufficialmente in guerra con

Legione dei Volontari Francesi contro il bolscevismo

l'Unione Sovietica, i volontari francesi, come era già accaduto per tutti gli altri volontari stranieri inquadrati nelle forze armate germaniche, avrebbero indossato l'uniforme tedesca con uno scudo tricolore sul braccio destro con i colori francesi e la scritta *'France'*.

Settembre 1941: arrivo dei primi volontari francesi al campo di Debica, in Polonia.

Il primo modello di scudo con la scritta *'France'* in giallo prodotto in Francia.

Lo scudo autorizzato dai tedeschi con la scritta *'France'* in bianco su sfondo nero (*C. Chatelet*).

Legione dei Volontari Francesi contro il bolscevismo

Ai volontari francesi fu distribuita anche una decalcomania tricolore per gli elmetti, da apporre sul lato destro degli stessi, dove normalmente c'erano i colori tedeschi. Il 5 ottobre 1941, i volontari francesi prestarono giuramento di fedeltà a Hitler nella lotta contro il bolscevismo davanti al *General der Infanterie* Hans Halm.

Due momenti della cerimonia del giuramento dei volontari francesi del 5 ottobre 1941. A sinistra, prende la parola il *General der Infanterie* Halm, a destra parla il colonnello Labonne.

Il colonnello Labonne presta giuramento alla presenza del *General der Infanterie* Halm.

Legione dei Volontari Francesi contro il bolscevismo

Volontari francesi con la bandiera della Legione durante la cerimonia di giuramento.

Legione dei Volontari Francesi contro il bolscevismo

Monsignor Mayol de Lupé presenziò la cerimonia dei suoi compatrioti e celebrò la messa al campo di Debica. Il 19 ottobre, fu organizzata una nuova cerimonia per il giuramento per i volontari francesi del terzo contingente, arrivato il 12 ottobre. Grazie a questi ultimi rinforzi furono completate nuove compagnie per il II battaglione, portando la forza complessiva dell'unità a 2.271 uomini e 181 ufficiali. All'unità francese fu assegnato inoltre un reparto tedesco di collegamento, composto da 35 membri tra ufficiali e sottufficiali. La legione fu denominata ufficialmente come 638° Reggimento di fanteria francese, (*Französischer Infanterie-Regiment 638*) organizzato su due battaglioni.

Un'altro momento della cerimonia del giuramento con il picchetto d'onore con la bandiera.

Volontari francesi con la bandiera della Legione.

Ciascun battaglione comprendeva quattro compagnie (tre compagnie fucilieri ed una mitraglieri), poi c'era la compagnia di Stato Maggiore, la 13ª compania mortai e la 14ª compagnia anticarro. Seguirono alcune alcune settimane di intenso addestramento, con esercitazioni militari svolte sotto la supervisione del gruppo tedesco di collegamento, che includeva naturalmente anche degli interpreti. Tutto si svolse all'insegna della reciproca collaborazione e senza problemi. Dopo una visita ai volontari da parte dell'ambasciatore francese Fernand de Brinon, tra il 28 ed il 29 ottobre iniziarono

Legione dei Volontari Francesi contro il bolscevismo

i trasferimenti sul fronte dell'Est su convogli ferroviari, con destinazione Smolensk, raggiunta all'inizio di novembre. Partirono prima i reparti del I battaglione seguiti poi da quelli del II battaglione che invece partirono tra il 30 novembre ed il 1° dicembre.

26 ottobre 1941, campo di Debica: l'ambasciatore Fernand de Brinon, sull'estrema sinistra della foto, assiste ad una esercitazione con un pezzo anticarro *Pak 36* da 37mm della 14ª compagnia.

La partenza dei volontari francesi per il Fronte dell'Est, autunno 1941.

Note

[1] Dopo la sconfitta militare del 1940 ad opera delle forze armate tedesche, il territorio francese fu diviso in due zone: la parte settentrionale del paese ed una fascia costiera sull'Atlantico furono occupati militarmente dalla Germania, mentre per il resto della Francia fu istituito un governo neutrale guidato dal Maresciallo Pétain, con sede presso il centro termale di Vichy, da qui il nome di "Francia di Vichy". L'esercito francese doveva essere smobilitato nel continente, mantenendo una forza minima per le esigenze di ordine pubblico.

Un manifesto di propaganda stampato dal Comitato centrale della LVF: "*Arruolatevi nella Legione dei volontari francesi contro il bolscevismo*".

Cap. II) Sul fronte dell'Est

A partire dal 6 novembre, una prima colonna della LVF lasciò Smolensk per proseguire a piedi sulla strada per Mosca. Non c'erano veicoli a motore, tutti i mezzi di trasporto della Legione erano trainati da cavalli. Il I Battaglione marciò per circa duecento chilometri prima di essere caricato sui camion nei pressi di Zarjewo: per la maggior parte del percorso le colonne seguirono l'autostrada Minsk-Mosca. Lungo la strada, interminabili carcasse di veicoli e mezzi abbandonati dal nemico riempivano il paesaggio, già totalmente innevato per le cattive condizioni del tempo. Prima ancora di raggiungere la linea del fronte, la Legione perse quasi quattrocento uomini a causa della febbre, dei primi casi di congelamento e della dissenteria.

Novembre 1941: elementi della 5.*Kompanie* della LVF appena giunti a Smolensk.

Un'altra foto di legionari francesi a Smolensk.

Una volta giunto finalmente in zona di operazioni, nei pressi del villaggio di Djukowo a settanta chilometri da Mosca, il 638° reggimento francese fu aggregato alla *7.Infanterie-Division*, agli ordini del *Generalleutnant* Eccard Freiherr von Gablenz, alle dipendenze del *VII.Armee-Korps* (*Panzergruppe* 4) del Gruppo Armate del Centro.

Legione dei Volontari Francesi contro il bolscevismo

A sinistra, Legionari francesi giunti a Smolensk dotati di biciclette (*Chris Chatelet*). A destra, ufficiali francesi in Russia, al centro il maggiore de Planard de Villeneuve (*Grégory Bouysse*).

Il maggiore Henri Poisson (*Grégory Bouysse*).

Come ufficiale di collegamento tedesco fu designato l'*Hauptmann* Winneberger. Al suo arrivo in Russia, il 638° reggimento di fanteria francese, sempre agli ordini del colonnello Roger Labonne, comprendeva: uno Stato Maggiore, agli ordini del maggiore Maurice Castan de Planard de Villeneuve, una compagnia di Stato Maggiore, agli ordini del maggiore Henri Poisson, subentrato al capitano Tixier il 2 novembre 1941. Il I battaglione era agli ordini del capitano Louis Leclercq e comprendeva tre compagnie fucilieri (*1.-3.*) ed una compagnia mitragliatrici (*4.*), il II battaglione era agli ordini del capitano André Girardeau e comprendeva anch'esso tre compagnie fucilieri (*5.-7.*) ed una compagnia mitragliatrici (*8.*). C'erano poi la 13ª compagnia di cannoni di fanteria agli ordini del capitano Michel Zègre e la 14ª compagnia anticarro, agli ordini del capitano Albert Bouyol. Come ufficiale medico, c'era il capitano Maurice Fleury.

Legione dei Volontari Francesi contro il bolscevismo

Operazione *Tifone*: ottobre-dicembre 1941.

Novembre 1941: legionari francesi sul fronte dell'Est.

Novembre 1941: colonne della LVF in marcia verso Mosca.

Operazione Tifone

Il 30 settembre 1941, il Gruppo Armate del Centro del feldmaresciallo Fedor von Bock lanciò l'operazione *Tifone*, l'attacco su Mosca, che lo stesso Hitler annuncio come *"l'ultima, decisiva battaglia dell'anno"*. I reparti corazzati del *Panzergruppe* 2, del *Panzergruppe* 4 di Hoepner al centro e del *Panzergruppe* 3 di Hoth, chiusero in una morsa due gruppi di Armate sovietiche. In una settimana, i tedeschi circondarono sei armate russe ad ovest di Viazma e altre tre a sud-ovest e nord-ovest di Briansk. Per tutto il mese di ottobre, i reparti di fanteria di von Bock furono impegnati ad annientare le forze sovietiche all'interno delle sacche facendo circa 700.000 prigionieri, distruggendo o catturando 1.200 carri e 4.000 pezzi di artiglieria nemici. Verso la metà di ottobre, von Bock era quindi sul punto di poter sferrare l'attacco finale su Mosca. Hitler però, fermo nella sua convinzione che la capitale sovietica non fosse un obiettivo importante, ordinò ai *Panzergruppe* impegnati a nord e a sud di superare Mosca e proseguire verso est. Secondo le nuove direttive il *Panzergruppe* 3, passato agli ordini el generale Georg Hans Reinhardt, dovette spingersi più a nord e puntare su Rzev e

19

Legione dei Volontari Francesi contro il bolscevismo

il fiume Volga, con l'obiettivo di conquistare il centro industriale di Kalinin, a 160 chilometri a nord-ovest di Mosca. Contemporaneamente, il *Panzergruppe 2* di Guderian si diresse verso Tula, a 170 chilometri a sud di Mosca, mentre il *Panzergruppe 4* di Hoepner marciò verso Mozaisk e Iaroslavets. Ma il tempo giocò a favore dei sovietici: arrivarono le piogge e trasformarono le piste già impraticabili in enormi pantani.

Novembre 1941: slitte trainate da cavalli della *3.Kompanie* della LVF sul fronte dell'Est.

Il colonnello Labonne durante una parata.

Lungo tutta la linea del fronte, le unità tedesche furono completamente bloccate nella loro marcia. Solo con la prima neve e la solidificazione del fango in ghiaccio, la situazione migliorò leggermente ed i mezzi tedeschi poterono riprendere ad avanzare più velocemente. All'inizio di novembre del 1941, i sovietici erano totalmente in fase di ripiegamento: i *Panzer* di Reinhardt, puntando a nord di Mosca, catturarono la città di Klin raggiungendo il canale Moscova-Volga a 60 chilometri dalla capitale russa. Il 16 novembre 1941, il *Panzergruppe 4* di Hoepner giunse a cinquanta chilometri da Mosca. A sud, le forze di Guderian stavano combattendo alla periferia di Tula. Con il termometro che continuava a scendere e con i sovietici che opponevano sempre più resistenza, l'avanzata tedesca diventò sempre più lenta.

Il feldmaresciallo Hans Günther von Kluge ispeziona i reparti della LVF appena giunti in Russia, novembre 1941.

Impiego dei reparti della LVF

Dal 22 novembre 1941, i due battaglioni della LVF seguirono i reparti della *7.Inf.Div.* del generale von Gablenz per prendere parte all'offensiva tedesca su Mosca; malgrado le condizioni spaventose del tempo e la mancanza di rifornimenti adeguati le forze tedesche erano riuscite ad accerchiare la capitale sovietica. Erano state occupate le città di Kaluga, Mozajsk e Rzev. Per consentire alle due masse corazzate (Il *Panzergruppe 2* di Guderian che avanzava da sud e i *Panzergruppe 3* e *4* di Reinhardt e Hoepner da nord) di chiudere la morsa su Mosca, la *4.Armee* del feldmaresciallo Hans Günther von Kluge ebbe l'ordine di attaccare frontalmente per attirare su di sé e tenere impegnato il maggior numero di forze nemiche.

Il capitano Louis Leclercq (a sinistra) discute con il generale von Gablenz, novembre 1941.

La *7.Infanterie-Division* occupava un settore di una decina di chilometri nella regione dei laghi di Kubinka a circa 70 chilometri a sud-ovest della capitale sovietica. Il 24 novembre,

Legione dei Volontari Francesi contro il bolscevismo

le quattro compagnie del I battaglione della LVF montarono in linea. Il posto di comando della Legione si insediò a Golowkowo. Il comando del I battaglione era passato nel frattempo al maggiore de Planard a causa di problemi di salute del capitano Leclercq.

Nella legione francese furono arruolati anche numerosi volontari provenienti dalle regioni caucasiche e dalla stessa Russia, le cui famiglie erano emigrate in occidente subito dopo la rivoluzione bolscevica del 1917. Nella foto a sinistra, il giovane volontario Léon Vatchnadze, appena 15 anni, nato a Tiflis in Georgia, ma di origini armene. Insieme a lui uno dei più anziani membri della legione, il sergente Jacques Collas de Gournay (assegnato allo stato maggiore di collegamento tedesco poiché parlava correntemente la lingua tedesca). Nella foto a destra, un altro giovane volontario armeno, Léon Maerdjian, anche lui di appena 15 anni.

Un gruppo di volontari francesi prima di un'azione.

Il 1° dicembre 1941, mentre il II battaglione della LVF restava di riserva nel villaggio di Arkangelsk, il generale von Gablenz ordinò al I battaglione di attaccare e conquistare il villaggio di Djukowo, sull'omonimo lago e attestarsi poi a sua difesa. La 1ª e la 2ª compagnia avrebbero attaccato le posizioni nemiche, la 3ª del tenente Albert Douillet doveva restare in riserva mentre le mitragliatrici ed i mortai della 4ª compagnia del tenente Charles Tenaille furono ripartiti in appoggio alle altre compagnie fucilieri.

Una colonna di volontari francesi in marcia, novembre 1941.

Tenente Jean Dupont.

Elementi della 3.*Kompanie* della LVF in marcia tra le foreste innevate, dicembre 1941.

Un gruppo di legionari francesi durante l'attacco.

La 1ª compagnia agli ordini del tenente Jean Genest attaccò per prima le difese sovietiche e malgrado subisse perdite notevoli riuscì ad avvicinarsi ai sobborghi di Djukowo; seguì subito dopo l'attacco della 2ª compagnia del tenente Jean Dupont; i legionari francesi dopo aver

Legione dei Volontari Francesi contro il bolscevismo

attraversato una fitta foresta innevata, si ritrovarono in una radura dove furono accolti da un intenso fuoco di sbarramento nemico. Il plotone mitraglieri venne falciato dal fuoco delle armi pesanti sovietiche prima che riuscisse a mettere in posizione le sue armi. Il tenente Dupont fu uno dei primi ad essere colpito da un tiro dell'artiglieria nemica.

Da sinistra, il tenente Jean Dupont, il tenente Jean Genest ed un altro graduato della LVF.

Una *MG-34* servita dai volontari francesi, dicembre 1941.

Rimasto gravemente ferito al petto, Dupont fu trasferito al posto di soccorso del battaglione, dove morì poco dopo. Alla fine, solo pochi superstiti riuscirono a trovare rifugio nella foresta e a sottrarsi al fuoco dei sovietici. I legionari francesi della 1ª compagnia del tenente Jean Genest, dopo aver atteso invano l'arrivo della 2ª compagnia, rinunciarono ad attaccare attestandosi in posizione difensiva. L'iniziativa passò allora ai reparti sovietici: elementi della 32ª divisione di fanteria siberiana attaccarono subito dopo le posizioni francesi. Con una temperatura polare (40-60 gradi sottozero) i legionari francesi si batterono duramente sulle rive del lago Djukovo subendo notevoli perdite ma respingendo più volte gli assalti del nemico. Alla fine dei combattimenti, delle due compagnie del I battaglione restavano solo una cinquantina di superstiti: un battesimo del fuoco veramente disastroso per i volontari francesi. A partire dal 2 dicembre 1941, i tedeschi effettuarono gli ultimi sforzi per conquistare Mosca: a nord della capitale, la *2.Panzer-Division* del generale Rudolf Veiel aveva raggiunto Krasnaja-Poliana a soli 33 chilometri dalla capitale sovietica. La *7.Infanterie-Division* con i resti della Legione francese tentò di aggirare l'accanita resistenza nemica a sud est di Naro-Forminsk combattendo contro i reparti sovietici attestati sulla riva orientale del fiume Nara.

Elementi della *5.Kompanie* della LVF in marcia, dicembre 1941.

Tenente Charles Tenaille.

Volontari francesi in marcia su terreno innevato.

Una postazione difensiva tedesca con una *MG-34*.

La controffensiva sovietica

Con i carri e le armi bloccate dal gelo e dalla neve, l'offensiva tedesca si arrestò proprio mentre i sovietici, grazie ai rinforzi fatti affluire dalla Siberia, lanciarono una controffensiva lungo tutto il fronte. Il passaggio repentino dallo schieramento offensivo a quello di una disperata battaglia difensiva, provocò il collasso dei collegamenti tra le varie unità; il fronte si trasformò così in una serie di innumerevoli settori, dove i singoli reparti continuarono a battersi completamente isolati con gli automezzi fuori uso, le armi con gli otturatori ed i meccanismi gelati e con la maggior parte degli uomini morti di freddo e tormentati dalla dissenteria. Il 5 dicembre 1941, l'artiglieria sovietica colpì in modo massiccio le posizioni del II battaglione ad Arkangelsk facendo molte vittime tra i volontari che già lamentavano perdite per congelamento e febbre.

Un legionario francese con un prigioniero sovietico.

Capitano Henri Lacroix.

Legionari francesi con un obice da 150 mm.

Il giorno dopo, l'artiglieria sovietica passò a colpire le posizioni del I Battaglione: un colpo d'obice da 152 uccise il tenente Charles Tenaille e ferì gravemente il capitano Henri Lacroix, aiutante del battaglione. Nella stessa giornata del 6 dicembre, il I battaglione dovette essere rilevato, dopo aver passato una terribile settimana sulle sue posizioni. I superstiti dell'unità furono quindi raggruppati a Golowkowo, dove si era insediato il posto di comando reggimentale del colonnello Labonne.

Il 7 dicembre, i sovietici attaccarono con la fanteria le posizioni del II Battaglione, ancora in linea, travolgendo le difese più avanzate. Solo grazie alla bravura di alcuni ufficiali e sottufficiali nell'evitare lo sbandamento totale della truppa, la linea difensiva fu mantenuta ed i sovietici respinti. Il 9 dicembre, un reggimento della *7.Infanterie-Division* venne a rilevare gli esausti legionari del

Legione dei Volontari Francesi contro il bolscevismo

II battaglione. I superstiti della Legione francese furono quindi ritirati a Viazma seguendo il ripiegamento delle forze germaniche sul fronte di Mosca. Hitler aveva proibito qualsiasi ritirata e diede disposizioni affinchè i ripiegamenti fossero limitati al minimo indispensabile. Questa grave decisione pur arrecando indicibili sofferenze alle truppe tedesche evitò però che la ritirata si trasformasse in una rotta generale.

Alla fine dei combattimenti, uno dei superstiti racconta ai suoi camerati la battaglia.

Il colonnello Labonne a colloquio con il generale von Gablenz, dicembre 1941.

Legione dei Volontari Francesi contro il bolscevismo

Di fronte alla tenace resistenza dei tedeschi, i sovietici ottennero solo dei successi locali; l'Armata Rossa reduce dai disastrosi combattimenti dei mesi precedenti, aveva perduto un enorme numero di uomini e mezzi e di conseguenza la controffensiva fu troppo debole. L'unica vera vittoria fu quella di allontanare la minaccia tedesca su Mosca.

Fanteria tedesca, 1941.

Il colonnello Labonne intervistato dalla radio tedesca, 1941.

Bilancio negativo

Dopo la controffensiva invernale russa, del migliaio di volontari della Legione francese non rimanevano che 565 superstiti, contando anche i rinforzi venuti da Debica (circa 220 uomini); il II battaglione non esisteva più. La legione fu ritirata dal fronte e molti volontari furono rimpatriati con varie motivazioni, alcuni anche per scarsa capacità combattiva. In realtà i volontari erano stati poco addestrati alla durezza dei combattimenti sul fronte dell'Est e male equipaggiati per le condizioni climatiche impossibili dell'inverno russo. Il generale von Gablenz scrisse infatti nel suo rapporto: "...*Non penso sarà possibile impegnare la Legione francese dopo il suo rilievo, bisogna invece migliorare l'addestramento degli uomini e quindi va trasferita nelle retrovie*".

Il posto di comando della Legione, 1941.

Il 9 dicembre, l'*Hauptmann* von Tarbuk dello Stato Maggiore del *VII.Armee-Korps*, così si riferì in merito alla LVF: "...*La Legione*

Legione dei Volontari Francesi contro il bolscevismo

annovera per la maggior parte degli uomini capaci e di buona volontà. Gli ufficiali sono in parte troppo vecchi, anche se qualcuno ha fatto una buona impressione. Nel suo stato e nella sua struttura attuale, è necessario che la LVF sia guidata da ufficiali tedeschi".

Volontari francesi discutono con soldati tedeschi della *Luftwaffe* e della *Waffen-SS*, 1941.

Il 23 dicembre 1941, arrivò il rapporto definitivo circa l'impiego della LVF, redatto dal capo dell'Ufficio operazioni della *7.Infanterie-Division*, l'*Oberstleutnant* Reichelt: "....*Durante l'attacco della 7ª divisione di fanteria del 1° dicembre destinato a far saltare il settore nemico dei laghi, il I battaglione della Legione francese doveva ripulire il bosco a sud dell'area dopo una preparazione d'artiglieria ed attendere. Il battaglione ha raggiunto il suo obiettivo. Poco dopo l'inizio dell'attacco, si verificò una certa confusione tra i reparti. Le armi pesanti furono poco o male utilizzate. Qualche altra progressione in avanti fu tuttavia portata a termine con successo. Il 3 dicembre, il II Battaglione ha rilevato i reparti del 19° Reggimento di fanteria ad ovest del lago di Djukowo. I sovietici non si sono visti. Solo il 6 dicembre il nemico ha iniziato un'intensa attività di pattuglie: gli uomini degli avamposti si sono ritirati immediatamente abbandonando le loro armi. Il comando dell'unità divenne impossibile ed il comandante del battaglione si rese conto che non poteva più tenere la posizione. In seguito ai fatti sopraesposti i due battaglioni della Legione Francese sono stati ritirati dalla prima linea....Gli uomini sono in generale dotati di buona volontà ma non sono adeguatamente preparati sul piano militare. I sottufficiali sono in parte buoni, ma il comando è deficiente a livello superiore. Gli ufficiali sono incapaci e reclutati seguendo criteri politici....La Legione non è adatta ad essere impegnata in combattimento. La riorganizzazione deve prevedere il rinnovo del corpo ufficiali ed un'istruzione militare approfondita".*

Legione dei Volontari Francesi contro il bolscevismo

La Grande Crociata. Manifesto di propaganda della Legione volontaria francese.

Cap. III) Riorganizzazione della Legione

Fin dal 12 dicembre 1941, i superstiti del I Battaglione della LVF avevano lasciato il villaggio di Golowkowo dopo quattro giorni di riposo lontano dalla prima linea. Il capitano André Henri Lacroix malgrado fosse ferito assunse il comando dell'unità, rimpiazzando il maggiore Castan de Planard affetto da gravi problemi di salute. I legionari dovettero marciare verso ovest, lungo la stessa direttrice dell'andata, muovendosi a piedi poiché tutti i veicoli ed i cavalli erano andati perduti. Con il freddo intenso la marcia divenne interminabile. Anche i legionari del II battaglione, agli ordini del capitano André Girardeau, seguirono più o meno lo stesso itinerario. I due battaglioni rimasero però isolati durante la loro marcia in direzione di Viazma, che terminò nei dintorni di Kamenka, dove i legionari francesi si sistemarono alla meglio occupando per la maggior parte delle abitazioni civili. Il colonnello Labonne installò il suo posto di comando a Wirutowo, dove il 1° gennaio 1942 accolse i nuovi graduati.

Capitano André Girardeau.

Legionari francesi durante una marcia di trasferimento.

Legionari francesi schierati per un'ispezione, dicembre 1941.

Nel corso del mese di dicembre del 1941, un altro contingente di circa 1.400 volontari francesi era nel frattempo giunto al campo di addestramento e istruzione di Debica e con queste nuove forze, fu subito avviata la formazione di un terzo battaglione di fanteria per la Legione. Da notare che tra questi nuovi volontari, c'erano anche duecento uomini di colore, in parte di origine nord-africana e anche alcune giovani reclute di origine asiatica.

Legione dei Volontari Francesi contro il bolscevismo

Volontari francesi impegnati tra le foreste innevate.

Legionari francesi impegnati in un rastrellamento, 1942.

Il 3 gennaio 1942, lo Stato Maggiore del I Battaglione andò in fibrillazione: un contadino russo aveva riferito che un legionario, il caporale Gabriel Chabant, era stato rapito dai partigiani. Fu quindi pianificata un'operazione di ricerca per il giorno dopo, con tutti gli elementi disponibili. Nel frattempo furono rinforzate le misure di sicurezza intorno ai vari villaggi. Il 4 gennaio 1942, diverse pattuglie raggiunsero Kamenka, dove si trovava lo Stato Maggiore del I battaglione. Ciascuna compagnia aveva distaccato un certo numero di legionari per le operazioni di rastrellamento alla caccia delle bande partigiane, molto attive in quel periodo e soprattutto alla ricerca del legionario rapito. Il suo corpo non fu mai ritrovato, alla fine solo i suoi vestiti furono rinvenuti in una grotta scavata nella neve. Durante i successivi rastrellamenti furono recuperate alcune armi e furono arrestati una trentina di civili sospettati di aiutare le bande partigiane.

Il 7 gennaio, le compagnie del I Battaglione ripresero la marcia verso ovest. Giunti a Zarjewo, a nord-est di Viazma, i legionari francesi furono caricati sui camion e portati a Smolensk. Il 10 gennaio, anche i legionari del II Battaglione di Girardeau ricevettero l'ordine di lasciare i loro acquartieramenti per trasferirsi a Zarjewo ed essere portati a Smolensk su camion. Il 12 gennaio, giunse dal Comando germanico l'ordine di assegnazione provvisoria del reggimento francese alla *403. Sicherungs-Division* (*Generalleutnant* Wolfgang von Ditfurth), una delle due divisioni di sicurezza agli ordini

Legione dei Volontari Francesi contro il bolscevismo

del Generale Maximilian von Schenckendorff, responsabile della zona del Gruppo Armate del Centro. I primi elementi della legione volontaria francese iniziarono a giungere a Rudnja, località situata tra Smolensk e Vitebsk, a partire dall'11 gennaio. Da qui, proseguirono poi verso Liesno, dove fu insediato il comando della stessa Legione. I legionari del II Battaglione si stabilirono invece nel villaggio di Saolscha.

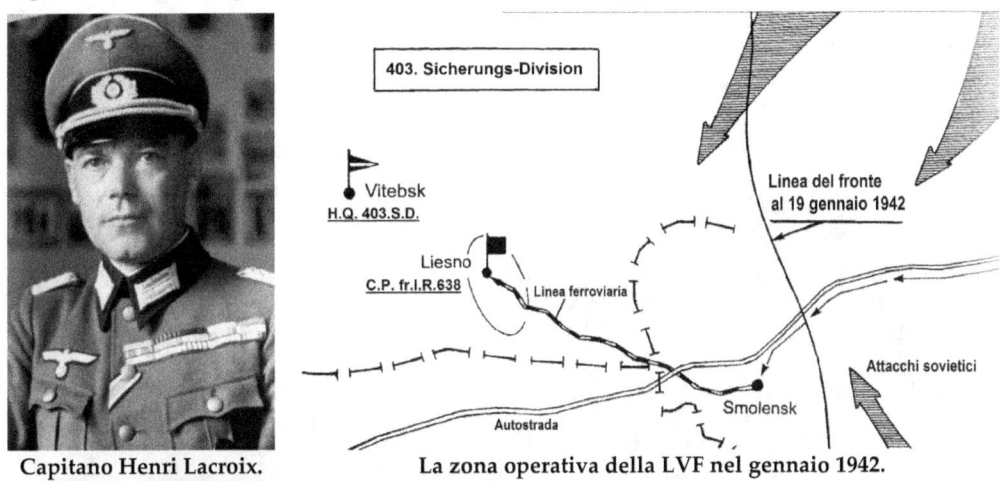

Capitano Henri Lacroix.

La zona operativa della LVF nel gennaio 1942.

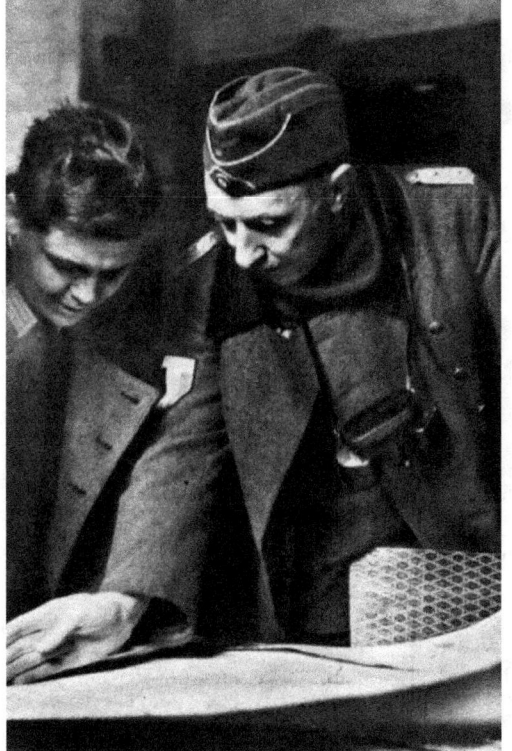

Il colonnello Roger Labonne, a destra nella foto.

Epurazione dei reparti

Il 24 gennaio 1942, l'ufficio del direttore della zona operazioni del Gruppo Armate del Centro produsse per l'*Oberkommando des Heeres* un rapporto sullo stato della legione francese dopo il suo trasferimento tra Liesno e Saolscha: "..*lo stato della Legione è tale che si ritiene necessario riorganizzarla, prima di trasferirla o utilizzarla in missioni di sicurezza nelle retrovie del fronte. La Legione ha subito notevoli perdite in personale e materiali. Gli effettivi si sono ridotti in seguito a malattia o abbandono della posizione senza autorizzazione. Gran parte del materiale e dell'equipaggiamento è andata perduta durante le pause ed in prima linea per negligenza. Una parte delle armi pesanti di fanteria, sia i cannoni anticarro ed i pezzi di artiglieria sono stati abbandonati sulla linea del fronte...Il morale degli uomini è basso. La truppa non ha fiducia nei suoi ufficiali e la disciplina lascia a desiderare....*".

Legione dei Volontari Francesi contro il bolscevismo

Un legionario francese armato con una pistola mitragliatrice impegnato a difendere una trincea, gennaio 1942 (*Collezione Chris Chatelet*).

Febbraio 1942: legionari francesi in un raro momento di pausa, al riparo di un'isba (*Signal*).

Le conseguenze si fecero subito sentire e furono presi dei provvedimenti: nel corso di una riunione con il colonnello Labonne, fu stilata una lista di 16 ufficiali che dovevano essere immediatamente rimpatriati. Una parte di essi perché troppo 'anziana' per poter servire ancora in prima linea, gli altri per scarsa attitudine militare. Nello stesso tempo, ciascuno dei due battaglioni fu ridotto da quattro a due compagnie. La 13ª compagnia (cannoni di fanteria) e la 14ª compagnia (anticarro) furono temporaneamente disciolte per mancanza di armi ed equipaggiamenti. La maggior parte dei cavalli in dotazione era andata perduta e poiché i tedeschi ritenevano direttamente responsabili gli stessi legionari, furono aggregati alla Legione numerosi *Hilfswilligen*, i volontari ausiliari russi, per la gestione del nuovo parco animali. Per riorganizzare maggiormente i reparti fu incrementato il numero di elementi tedeschi nell'unità. Oltre a rinforzare lo Stato Maggiore tedesco di collegamento, a ciascuna compagnia francese fu assegnato un sottufficiale specialista ed un veterinario per la cura dei cavalli. Giunsero anche nuovi veicoli motorizzati (5 camion e 3 moto) per migliorare la mobilità dei reparti. Circa la forza effettiva della Legione, dei 2.352 legionari partiti dal campo di Debica, restavano 1.096 uomini, di cui 58 ufficiali: la Legione aveva perso in pratica più della metà dei suoi effettivi iniziali!

I sovietici attaccano

All'inizio di febbraio del 1942, forti reparti sovietici penetrarono a nord-

Legione dei Volontari Francesi contro il bolscevismo

est della linea difensiva tenuta dalla *9.* e dalla *16.Armee*. La *403. Sicherungs-Division*, già impegnata contro le forze partigiane, si ritrovò così a dover fronteggiare anche le forze regolari sovietiche. Nella notte tra il 4 ed il 5 febbraio, suonò l'allarme anche per i legionari francesi. Forti formazioni partigiane, insieme a reparti regolari sovietici della 22ª Armata, stavano avanzando verso Liesno per tentare di isolare le forze tedesche a Vitebsk e Viazma, e nello stesso tempo minacciavano di tagliare l'autostrada Minsk-Mosca.

Legionari francesi in un villaggio russo alla vigilia di una nuova operazione, febbraio 1942.

Una squadra mitraglieri della LVF all'attacco, 1942.

Era necessario fermarli a tutti i costi! Il colonnello Labonne riunì subito i suoi ufficiali e fece il punto della situazione: *"..Siamo minacciati di accerchiamento da parte delle truppe sovietiche che si sono infiltrate e riunite nelle retrovie del fronte. Questa volta non sono solo partigiani; elementi dell'esercito regolare si sono uniti ad essi"*. Numerose pattuglie esploratrici furono inviate in perlustrazione per tutta la notte ed il giorno successivo, ma delle forze nemiche nessuna traccia. Probabilmente, visto l'enorme dispiegamento di truppe tedesche, le formazioni partigiane si erano dileguate insieme ai reparti regolari dell'armata rossa. I volontari francesi continuarono a restare in allerta per tutto il resto del mese, impegnandosi in lunghi ed estenuanti rastrellamenti.

Legione dei Volontari Francesi contro il bolscevismo

Un gruppo da combattimento della LVF con un mortaio, durante un'operazione, febbraio 1942.

Reparti della Legione francese in marcia, febbraio 1942.

Verso la fine di febbraio, proseguì il processo di riorganizzazione della Legione francese: gli elementi superstiti del I e del II battaglione furono quindi trasferiti al campo di Kruszyna, 20 chilometri a nord di Radom nel Governatorato Generale di Polonia, per essere riorganizzati in un nuovo I Battaglione. Con i nuovi volontari giunti dalla Francia presenti al campo di Debica venne invece formato il III battaglione. Era stato inoltre previsto lo scioglimento dello Stato Maggiore del reggimento, della sezione Comando, della 13ª e della 14ª compagnia. Questo significava in pratica che non ci sarebbe stato più un reggimento francese, ma solo due battaglioni completamente autonomi: in questo modo, la presenza dello stesso colonnello Labonne diventò improvvisamente superflua. Inoltre, furono esclusi dai reparti combattenti tutti i legionari con età superiore ai 30 anni, gli ufficiali con più di 40 anni (salvo poche eccezioni) e tutti gli elementi ritenuti inabili al combattimento: tra questi i volontari di colore, i vecchi emigrati russi e tutti i vecchi volontari tedeschi della Legione straniera.

Prime decorazioni

Kruszyna, 3 marzo 1942: il colonnello Labonne, con la Croce di Ferro appena ricevuta e appuntata sull'uniforme, legge i nomi degli altri decorati con la stessa decorazione. Alla sua sinistra, il generale von Gienanth e l'*Oberst* von Wedel.

Il 3 marzo 1942, al campo di Kruszyna, si tenne una cerimonia ufficiale: dopo la celebrazione di una messa presieduta da Monsignor de Mayol de Lupé, furono distribuite cinque delle prime otto Croci di Ferro di Seconda Classe, ai legionari francesi che si erano distinti nei combattimenti dello scorso dicembre: il colonnello Roger Labonne, il maggiore Henri Lacroix, il sottotenente Maurice Pernel, il sottotenente Raymond Jeanvoine e il soldato Jean Villard. Gli altri tre assegnatari della Croce di Ferro erano ancora in convalescenza e la ricevettero qualche settimana dopo. Le decorazioni furono consegnate in presenza del *General der Kavallerie* Curt Ludwig von Gienanth, *Militärbefehlshaber* (alto comandante militare) del Governatorato Generale di Polonia.

Campo di Kruszyna, 3 marzo 1942: il *General der Kavallerie* Curt Ludwig von Gienanth (di spalle) consegna la Croce di Ferro di Seconda Classe al sottotenente Maurice Pernel, alla presenza del picchetto d'onore della Legione. La scena viene immortalata dai servizi di propaganda tedeschi.

Legione dei Volontari Francesi contro il bolscevismo

Campo di Kruszyna, 3 marzo 1942: quattro decorati con la Croce di Ferro. Da sinistra, il *Major* Lacroix, il *Leutnant* Jeanvoine, il *Leutnant* Pernel ed il soldato Jean Villard.

Campo di Kruszyna, 3 marzo 1942: il cappelanno militare della Legione, Monsignor Mayol de Lupé con il soldato Jean Villard, con la Croce di Ferro sull'uniforme.

Legione dei Volontari Francesi contro il bolscevismo

Il colonnello Roger Labonne, marzo 1942.

Una cucina da campo della Legione francese sul polacco, in un villaggio occupato dai volontari, marzo 1942.

Il 20 marzo, il colonnello Labonne, tornato in patria, accettò di parlare a Radio Parigi per incentivare gli arruolamenti nella LVF. I tedeschi dopo averlo rimosso dal comando della Legione, perché ritenuto poco efficace e determinato nella conduzione delle operazioni militari, gli proibirono anche di visitare il nuovo centro di raggruppamento della Legione, trasferito dal dicembre 1941 nel quartiere della *Reine*, sempre a Versailles. L'epurazione voluta dai tedeschi mirava a depoliticizzare la Legione e trasformarla in una vera unità militare. Il comando della *Wehrmacht* propose a ciascun legionario di rinunciare a tutte le attività politiche mentre indossava l'uniforme tedesca.

Alla fine di marzo del 1942, dopo aver eliminato tutti gli elementi inaffidabili, al campo di Kruszyna restarono circa 750 legionari francesi, con i quali venne formato il nuovo I Battaglione della Legione, agli ordini del maggiore Lacroix, su tre compagnie fucilieri ed una compagnia di Stato Maggiore, comprendente un gruppo trasmissioni con due squadre telefonisti, un plotone anticarro (3 pezzi da 37 mm) ed un plotone mortai (6 pezzi da 80mm). Giunsero in seguito altri duecento uomini, provenienti da Debica, con i quali venne formata la cosiddetta 'compagnia di marcia': questa unità doveva raggruppare tutti i feriti che erano guariti e che erano stati dimessi dagli ospedali militari. All'inizio di aprile, un nuovo contingente di circa 130 volontari andò a rinforzare ulteriormente le unità del I Battaglione francese. I nuovi legionari furono sottoposti ad un duro addestramento da parte degli istruttori tedeschi, in vista del loro impiego contro le formazioni partigiane. I volontari francesi sarebbero quindi stati impegnati come forza di sicurezza nelle retrovie e non in prima linea contro le unità regolari dell'armata rossa.

Legione dei Volontari Francesi contro il bolscevismo

Campo di Kruszyna, 3 marzo 1942: il picchetto d'onore della Legione francese.

Cap. IV) L'impiego del III battaglione

Mentre i legionari del I battaglione si addestravano per ritornare a combattere, quelli del III battaglione erano già da quattro settimane impegnati in duri combattimenti. Questa unità, posta agli ordini del colonnello Albert Ducrot, era stata formata con il contingente più numeroso di volontari giunti dalla madrepatria nel dicembre del 1941, forte di 942 uomini. Tra lo stesso dicembre 1941 ed il febbraio 1942 erano giunti altri tre contingenti per un totale di altri 480 volontari. In seguito all'epurazione voluta dai comandi tedeschi, dei circa 1.500 volontari ne restarono nell'aprile del 1942 solo 624. Anche il III battaglione comprendeva tre compagnie fucilieri ed una compagnia di Stato Maggiore, agli ordini del capitano Michel Zègre, con un plotone mortai ed un plotone anticarro. Al battaglione fu aggregato uno Stato Maggiore di collegamento tedesco, agli ordini dell'*Oberstleutnant* Wilhelm von Kirschbaum.

L'arrivo del colonnello Ducrot, con l'uniforme della fanteria coloniale francese, al campo di Debica nel dicembre 1941, accolto dal *Major* Hammerschmidt, a destra, capo dello stato maggiore d'istruzione tedesco e dal *Sonderführer* Bisschopinck, a sinistra, interprete della stessa unità.

Il colonnello Ducrot ispeziona i reparti, 1941.

Al momento di partire per il fronte, il III Battaglione contava 526 soldati francesi e 44 soldati tedeschi. La *9.Kompanie* era agli ordini del tenente Lucien Mesléard, la *10.Kompanie* era agli ordini del tenente Maurice Berret e la *11.Kompanie* era agli ordini del capitano André Demessine,

Legione dei Volontari Francesi contro il bolscevismo

uno dei più valorosi combattenti della Legione francese. A partire dal 10 maggio 1942, i legionari del III Battaglione furono trasferiti nell'area a sud-est di Smolensk: suddivisi per gruppi, i legionari furono trasferiti alla stazione di Potschinok.

Un gruppo di volontari francesi in attesa di partire, 1942.   Il capitano André Demessine.

Il tenente Maurice Berret, seduto a scrivere un ordine, circondato dai suoi uomini, maggio 1942.

Il battaglione francese fu posto alle dipendenze della *221. Sicherungs-Division*, agli ordini del *Generalleutnant* Johann Pflugbeil e doveva rilevare un battaglione di riservisti (*Landesschützen-Bataillon 974*) nell'area di Cholmy. I legionari francesi si misero subito in marcia, su tre colonne, per raggiungere il loro nuovo settore operativo. Il 16 maggio, il colonnello Ducrot e l'*Oberstleutnant* von Kirschbaum si recarono al posto di comando della *221. Sicherungs-Division* a Strigino. Il capo di Stato Maggiore informò i due ufficiali sulla

Legione dei Volontari Francesi contro il bolscevismo

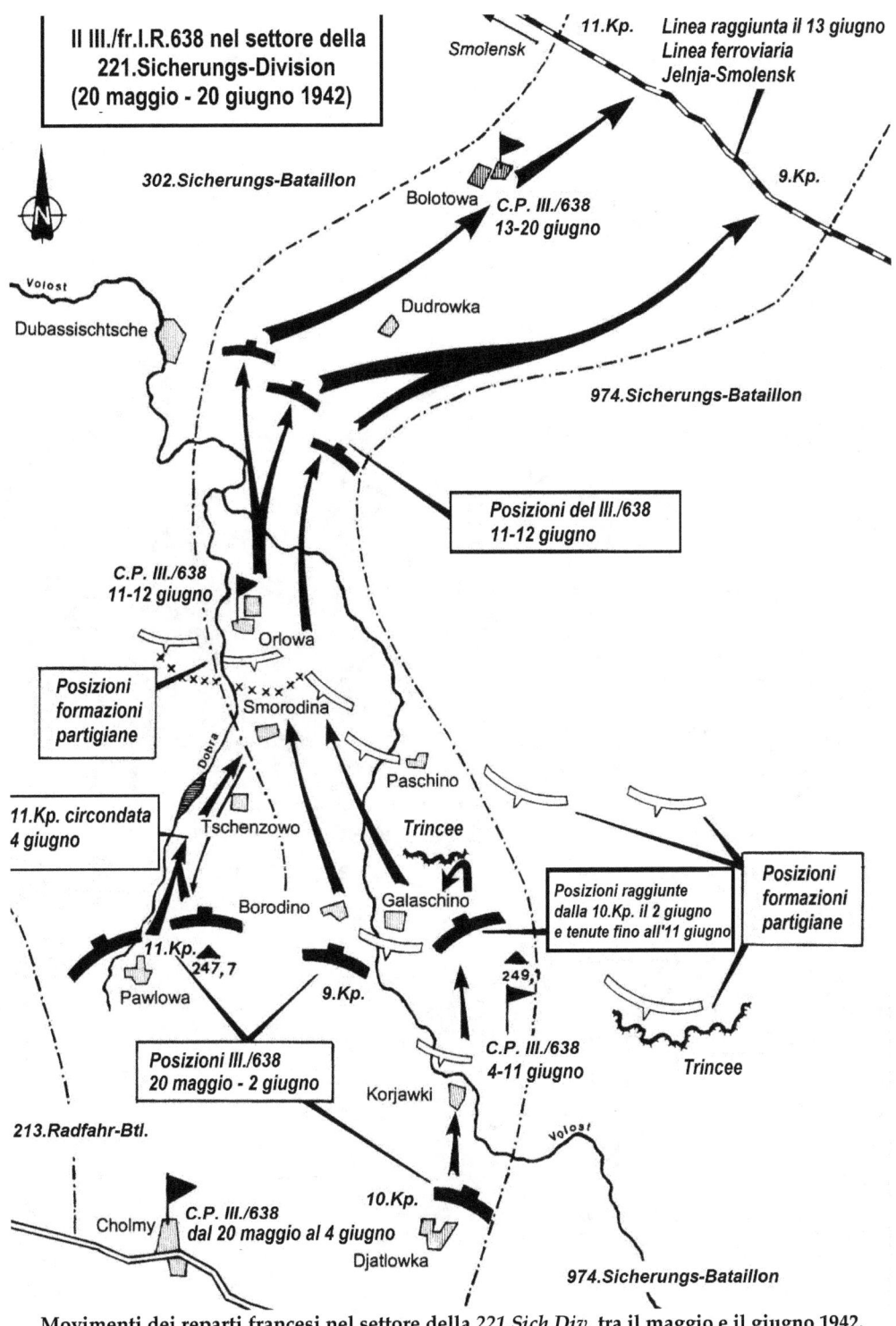

Movimenti dei reparti francesi nel settore della *221.Sich.Div.* tra il maggio e il giugno 1942.

missione del III battaglione: *"...dovete partecipare ad un attacco che ha per obiettivo l'eliminazione degli ultimi elementi sovietici rimasti tagliati fuori dalle loro linee dall'inverno precedente. Dovrete fronteggiare in prima linea dei partigiani reclutati sul posto ed organizzati militarmente in reggimenti, battaglioni e compagnie. Dietro di essi, si trovano delle truppe regolari del 1° corpo di cavalleria della guardia così come dei paracadutisti del 4° corpo aviotrasportato"*.

Elementi del III battaglione della LVF appena giunti a Cholmy, trovano un attimo di ristoro bevendo qualcosa. Sulla destra, l'ufficiale medico del battaglione, Max Lelongt (*Chris Chatelet*).

Il colonnello Ducrot (a destra) a Cholmy, maggio 1942.

Il 19 maggio, la compagnia di stato maggiore e le tre compagnie fucilieri del III battaglione si acquartierarono nei villaggi di Baltutino, Rukino e Slobodka, nelle retrovie delle loro future posizioni. Il colonnello Ducrot supervisionò il rilievo dei reparti tedeschi in prima linea, che si concluse alla fine della giornata successiva, 20 maggio. Le tre compagnie francesi poterono infine occupare le nuove posizioni e Ducrot ripartì tra esse i mortai da 80 ed i pezzi anticarro da 37. Il posto di comando del battaglione fu stabilito a Cholmy. La *10.Kompanie* di Berret si attestò sulla destra, nel villaggio di Djatlowa, l'*11.Kompanie* di Demessine sulla sinistra a Pawlowa. La *9.Kompanie* di Mesléard prese posizione al centro, tra le altre due compagnie, su una collina di fronte Borodino. La linea del fronte si estendeva per 4-5 chilometri.

Una *MG-34* del *III./638* su treppiede per fronteggiare eventuali attacchi aerei (*Chris Chatelet*).

Generalleutnant **Johann Pflugbeil.**

In appoggio, c'erano una batteria di obici da 100 mm in posizione a Rukino ed un plotone corazzato, equipaggiato con tre carri *Renault*, bottino di guerra, stazionato a Cholmy, non lontano dal posto di comando del battaglione. I volontari francesi restarono su queste posizioni per una dozzina di giorni. Il dispositivo del battaglione non era scaglionato in profondità ed era caratterizzato da una linea di avamposti. Il 22 maggio, il battaglione lamentò il suo primo caduto, in seguito ad un incidente: il sergente Etienne Gérard fu investito accidentalmente da una carro trainato da cavalli a Baltutino. Nella serata della stessa giornata, la compagnia Berret fu attaccata da una formazione di fanteria nemica appoggiata da alcuni carri leggeri. Il tenente Berret richiese subito l'appoggio dell'artiglieria e l'attacco fu respinto. Nei giorni successivi si verificarono solo scontri a distanza tra le opposte artiglierie e tiri da parte dei cecchini. Nel frattempo, presso il quartier generale della *221. Sicherungs-Division*, il generale Pflugbeil stava pianificando l'offensiva che doveva respingere le formazioni nemiche verso nord in direzione della linea ferroviaria Jelnya-Smolensk: l'attacco doveva iniziare il 27 maggio.

Volontari francesi impegnati a prestare le cure ad uno dei primi feriti della *10.Kompanie* a Djatlowa.

Monsignor Mayol de Lupé, sulla sinistra, impegnato in azione con gli esploratori del III battaglione, giugno 1942.

Il colonnello Ducrot osserva l'area intorno alle nuove posizioni del suo battaglione con il binocolo, giugno 1942.

La compagnia Demessine, fu incaricata di inviare pattuglie esploratrici in avanscoperta per saggiare la consistenza ed il numero delle forze nemiche.

La battaglia del Volost

Il 30 maggio, il III battaglione della LVF fu trasferito alle dipendenze del *Landesschützen-Regiment 45* (il futuro *Sicherungs-Regiment 45*) della *221.Sicherungs-Division*, agli ordini dell'*Oberst* Johannes Wiemann. L'inizio della nuova operazione era stato nel frattempo spostato al 2 giugno. Gli ordini per il III battaglione prevedevano che la *10.Kompanie* dovesse conquistare la quota 249 a nord di Korjawki e la *9.Kompanie* le colline vicino Galaschino e lo stesso villaggio. L'*11.Kompanie* doveva invece restare a Pawlowa pronta ad intervenire. Il 3 giugno, l'*Oberst* Wiemann ordinò alle tre compagnie francesi di passare all'attacco, avendo come primo obiettivo quello di stanare le bande partigiane nella valle del Volost. Monsignor Mayol de Lupé, malgrado i suoi 69 anni di età ma con un fisico ancora prestante, chiese ed ottenne dal suo comandante di poter prendere parte all'attacco, facendosi assegnare alla *10.Kompanie* di Berret. All'alba, i legionari francesi si misero in marcia, scontrandosi subito con alcune pattuglie nemiche e lamentando le prime perdite: uno dei primi a cadere fu il legionario François Sabiani, figlio del responsabile del PPF della regione di Marsiglia. All'inizio dell'attacco, il colonnello Ducrot era salito su una piccola altura per osservare

Legione dei Volontari Francesi contro il bolscevismo

Il *Leutnant* Léonard Pasquet de la Forêt, a destra.

i movimenti dei suoi reparti. Al suo fianco c'erano il suo ufficiale di ordinanza, il sottotenente Michel Auphan, ex-aviatore, il suo aiutante maggiore, il sottotenente Léonard Pasquet De La Forêt, ispettore di polizia nella vita civile ed alcuni legionari. Il piccolo gruppo si ritrovò subito sotto il fuoco delle mitragliatrici sovietiche, ma Ducrot rimase impassibile, evitando di mettersi al riparo. Tutto il lavoro di collegamento con i reparti e lo stesso comando del battaglione, furono svolti da Auphan e soprattutto da Pasquet De La Forêt. Dal suo posto di comando avanzato, anche l'*Oberst* Wiemann seguì l'attacco con il binocolo. I legionari della *10.Kompanie* avanzarono e giunsero su una prima cresta. Nel frattempo, la *9.Kompanie* giunse sul suo obiettivo, il villaggio di Galaschino. I sovietici opposero una forte resistenza e fu necessario richiedere il fuoco di appoggio delle due batterie tedesche in posizione a Rukino, per conquistare la posizione. I reparti nemici furono costretti a ripiegare, incalzati dagli esploratori delle compagnie Mesléard e Berret.

Legionari francesi della *10.Kompanie* durante l'attacco in direzione di Korjawki, dopo essere passati sulla sponda sinistra del fiume Volost, in attesa di nuovi ordini, giugno 1942.

Fu quindi raggiunta una seconda cresta. Nel corso della giornata, la compagnia Mesléard lanciò una ricognizione a nord di Galaschino: nello scontro a fuoco che seguì, caddero almeno cinque partigiani sovietici. I francesi lamentarono da parte loro la perdita del sottufficiale che guidava la pattuglia, il *feldwebel* Kléber Lange, uno dei comandanti di plotone della *9.Kompanie*. Giunsero subito dopo i nuovi ordini dal raggruppamento von

Legione dei Volontari Francesi contro il bolscevismo

Tenente Lucien Mesléard.

Schenckendorff, per il proseguimento delle operazioni: la *221.Sicherungs-Division* doveva proseguire il suo attacco il 4 giugno, con il raggruppamento Wiemann al quale era sempre aggregato il III battaglione della LVF. Questa volta sarebbe stata impegnata l'*11.Kompanie* dell'*Hauptmann* Demessine, sulla sinistra del battaglione. Essa doveva avanzare per circa tre chilometri, per poi trincerarsi per bloccare le forze sovietiche circondate dall'avanzata delle compagnie Mesléard e Berret sulla sua destra. L'*11.Kompanie* mosse dalle sue posizioni nel villaggio di Pawlowa verso le due del mattino del 4 giugno, marciando verso nord, seguendo il ruscello Dobra, un piccolo affluente del Volost. In testa, c'era il plotone del *feldwebel* Jacques Seveau. Insieme all'*Hauptmann* Demessine, marciavano Monsignor Mayol de Lupé, il tenente medico Molinié e i serventi delle armi pesanti al seguito, un mortaio da 80 ed un pezzo anticarro da 37mm. Una spessa bruma coprì la marcia dei legionari francesi. Quando però questa iniziò a diradarsi, improvvisamente si udirono degli spari in testa alla colonna. Con tutta la sua compagnia che avanzava in colonna, Demessine non poteva manovrare adeguatamente. Furono inviate delle staffette in avanti per capire cosa stava accadendo: il plotone di Seveau era rimasto bloccato in campo aperto dal fuoco nemico, nei pressi di un villaggio.

Il capitano Demessine legge gli ultimi ordini ricevuti, in attesa di riprendere l'attacco (*Chatelet*).

Legione dei Volontari Francesi contro il bolscevismo

Trasporto dei feriti utilizzando carrettini di legno.

Legionari francesi impegnati in combattimento, 1942.

Si contavano già dei caduti e dei feriti. Demessine si diede subito da fare per tentare di soccorrere il plotone di Seveau e riportare indietro i feriti. Con grande sacrificio e rispondendo al fuoco nemico, Demessine riuscì in qualche modo a raggruppare la sua compagnia tra i villaggi di Tschenzowo e Smorodina e soprattutto riuscì a stabilire il collegamento con il plotone di Seveau. I legionari francesi continuarono a respingere gli attacchi dei sovietici, che sbucavano da tutte le direzioni. La compagnia era rimasta praticamente circondata, senza alcun collegamento diretto con il battaglione. Fu proprio lo stesso Seveau a proporsi per tornare al comando del battaglione per chiedere rinforzi: riuscì a passare attraverso le posizioni dei partigiani sovietici, seguendo il corso del Dobra e dopo circa due ore, giunse al posto di comando del battaglione. Era necessario agire con urgenza per soccorrere i reparti circondati: si dovevano impegnare sulla destra le altre due compagnie francesi, e sulla sinistra le unità tedesche, oltre naturalmente a far intervenire l'artiglieria tedesca.

I legionari della compagnia Demessine si erano dovuti trincerare in aperta campagna, senza poter raggiungere un villaggio, dove la difesa poteva essere gestita più facilmente. Demessine decise allora di portare i suoi legionari su un'elevazione del terreno, ad un centinaio di metri di distanza, portandosi dietro tutti i

Legione dei Volontari Francesi contro il bolscevismo

feriti. In poco tempo, malgrado l'incessante fuoco nemico, il grosso della *11.Kompanie* riuscì a portarsi sull'altura. Demessine fece un rapido inventario delle armi a disposizione: c'erano dodici *MG-34*, ma solo poco più di duecento cartucce per arma. Mancavano anche le munizioni per le pistole mitragliatrici e per i mortai da 50mm. Quindi ordinò ai suoi uomini: "*Scavate delle buche individuali. E se vedete i sovietici avvicinarsi, sparate solo a colpo sicuro*". Verso mezzogiorno, il fuoco nemico iniziò a calare di intensità.

Legionari francesi impegnati in combattimento, all'interno di un villaggio e in alcune trincee.

Legionari francesi al riparo di una postazione difensiva.

Un gruppo di partigiani all'attacco delle posizioni francesi.

Poi, all'improvviso, si presentarono davanti alle posizioni avanzate della compagnia francese, due partigiani sovietici, gridando: "*Francesi, arrendetevi!*". La risposta di Demessine arrivò subito, una raffica di pistola mitragliatrice contro i due nemici. Poco dopo, i partigiani tornarono ad attaccare. I legionari attesero l'ordine del loro comandante per aprire il fuoco: quando i nemici giunsero a soli pochi metri dalle loro posizioni, i legionari aprirono il fuoco e lanciarono granate a mano, bloccando l'assalto nemico. La situazione continuò a farsi critica e non giungevano rinforzi. Appena fece buio, Demessine decise di tentare di ripiegare, con il favore dell'oscurità. Marciando in fila indiana, senza fare troppo rumore, i legionari francesi riuscirono alla fine a ritornare sulle loro posizioni a Pawlowa. Il bilancio delle perdite per l'*11.Kompanie* fu di 16 caduti e circa 40 feriti. Anche le altre due compagnie non erano riuscite a portare a termine i compiti assegnati, trovandosi a combattere sempre sulla difensiva. La battaglia del Volost poteva quindi considerarsi perduta.

A sinistra, un legionario francese con un obice sovietico da 122 abbandonato dal nemico e recuperato intatto. A destra, un volontario con un carrettino abbandonato dai partigiani.

Una squadra mortai francese in azione, giugno 1942.

Soldati tedeschi durante un rastrellamento, giugno 1942.

L'*Oberstleutnant* von Kirschbaum nel suo rapporto all'OKH (L'Alto Comando dell'esercito tedesco) si lamentò del comportamento dei volontari francesi, accusati di essere avanzati in un territorio infestato dalle bande partigiane senza aver preso le dovute precauzioni: "...*il III battaglione della LVF, truppa coraggiosa ma indisciplinata*". L'ufficiale tedesco criticò soprattutto il colonnello Ducrot: "...*manca completamente di qualsiasi attitudine al comando e di tutte le competenze necessarie per il benessere della truppa*". Il colonnello Ducrot fu quindi rimosso dal comando per imperizia ed al suo posto subentrò temporaneamente, il capitano Demessine proprio su consiglio di von Kirschbaum. L'*11.Kompanie* della LVF passò a sua volta agli ordini del tenente Georges Flamand.

Nuove operazioni

L'8 giugno 1942, l'offensiva nella valle del Volost riprese. La *221.Sicherungs-Division* fu aggregata al *XLII.Armee-Korps*: questa volta le compagnie francesi, sempre aggregate al raggruppamento Wiemann, dovevano rastrellare l'area intorno al villaggio di Paschino. I reparti perlustrarono quindi tutta l'area senza incontrare alcuna resistenza. Le formazioni nemiche, intuendo il pericolo, si erano ritirate verso est lasciandosi però dietro numerose trappole esplosive e numerose mine lungo le piste. Il 12 giugno, i legionari raggiunsero il villaggio di Dudrowka facendo alcuni prigionieri. Il 14 giugno, la *221.Sicherungs-Division* ricevette l'ordine di trasferimento in un altro settore. Insieme al battaglione Demessine l'unità doveva trasferirsi nell'area di Gomel, 230 chilometri più a sud-ovest.

Il 16 giugno 1942 a Bolotowa, l'*Oberst* Wiemann, comandante del gruppo reggimentale al quale era stato aggregato il III battaglione della LVF, consegnò ai legionati francesi, cinque Croci di Ferro di Seconda Classe. Da sinistra verso destra: Monsignor Mayol de Lupé, Il Dottor Molinié e il capitano Demessine (*Collezione Chris Chatelet*).

Prima della partenza, il 16 giugno, ebbe luogo una cerimonia nel villaggio di Bolotowa, durante la quale l'*Oberst* Wiemann in persona decorò cinque legionari francesi con la Croce di Ferro di Seconda Classe: Monsignor Mayol de Lupé, il capitano Demessine, il tenente medico Molinié, l'aspirante Seveau ed il legionario Louis Pellegrini.

Giunti a Gomel, i legionari francesi furono sistemati in una caserma a tre chilometri dal centro della città. Il 6 luglio 1942, i tedeschi lanciarono le operazioni *"Vierek"* (quadrilatero) e *"Eule"* (civetta) nell'area a nord di Gomel, una regione infestata dai partigiani, alle quali parteciparono anche i reparti francesi. Il III battaglione fu trasportato con autocarri fino a Krasnopolje e da lì i legionari proseguirono a piedi: fino al 28 agosto ,i francesi rastrellarono minuziosamente l'area, percorrendo più di 600 chilometri. Furono recuperate alcune armi, materiali e furono catturate alcune decine di partigiani.

Cap. V) La Legione Tricolore

Nell'estate del 1942, in occasione del primo anniversario dell'attacco tedesco alla Russia, il governo di Vichy decise di formare una propria legione nazionale da inviare sul fronte russo per sostituire la LVF considerata un'unità troppo 'germanica'. Pierre Laval, aveva infatti incaricato fin dalla primavera del 1942, il suo segretario di stato, Jacques Benoist-Méchin, di trovare un modo per riprendere il controllo della L.V.F. ed integrarla in una nuova formazione militare da poter impegnare su tutti i teatri operativi dove c'erano da tutelare gli interessi francesi, impero coloniale incluso. Essendo un'unità effettiva dell'esercito francese, sarebbe dipesa direttamente dal generale Eugène Bridoux, ministro della guerra del governo di Vichy. E così, il 22 giugno 1942, venne ufficialmente sciolta la L.V.F. e creata la *Légion Tricolore*. Il comando della nuova unità fu assegnato al colonnello Edgar Puaud[1], ufficiale superiore della Legione Straniera, reduce dai combattimenti in Marocco e nel Tonkino.

Colonnello Edgar Puaud.

Cerimonia per la consegna di decorazioni ai membri della LVF.

I primi arruolati della *Légion Tricolore* a Guéret, 1942.

Il 12 luglio 1942, Joseph Darnand, ispettore generale delle truppe francesi di Vichy, annunciò ufficialmente che la Legione Tricolore avrebbe combattuto al fianco dell'Asse in Europa ed in Africa. A differenza della LVF, i suoi membri avrebbero indossato uniformi francesi e non più tedesche. Il segretario di Stato, delegato generale del governo nella zona occupata, Fernand de Brinon, assunse la presidenza del Comitato

Legione dei Volontari Francesi contro il bolscevismo

d'onore della Legione che comprendeva personalità civili, religiose, militari e altri membri del governo. Jacques Benoist-Mechin restò alla presidenza del Comitato Centrale. Quest'ultimo, estese la sua base includendo oltre ai capi dei partiti politici di origine, due rappresentanti dei movimenti della zona libera: Joseph Darnand, ispettore generale del *Service d'Ordre légionnaire* e delegato permanente della *Légion Française des Combattants* e il capitano Jean-Marcel Renault, capo nazionale della *Jeunesse de France et d'Outre-mer*.

Joseph Darnand.

Fronte e retro della *Croix de guerre légionnaire* (Rene Chavez).

Sottufficiale della Legione Tricolore.

Fu quindi avviata una vasta campagna di reclutamenti ed il governo francese emise anche dei francobolli speciali per raccogliere fondi per la Legione, oltre a pubblicare numerosi libretti di propaganda e lanciare una nuova massiccia campagna di manifesti. Fu creata anche una nuova decorazione, la *Croix de guerre légionnaire*, distribuita per la prima volta a Parigi, il 27 agosto 1942. Nata per decorare solo i membri della Legione Tricolore fu poi estesa anche a tutti i membri della L.V.F. e riconosciuta ufficialmente dal governo francese.

Il reclutamento per la *Légion Tricolore*, fu allargato ai membri della *Légion Française des combattants* (incluso il S.O.L.), ma anche dell'*Armée d'Armistice* e dell'*Armée d'Afrique du Nord*. I nuovi volontari furono raggruppati nella zona occupata nel centro *de la Reine* a

Legione dei Volontari Francesi contro il bolscevismo

Versailles dove si trovava sempre il deposito della L.V.F., mentre quelli della zona libera furono riuniti al deposito di Guéret, presso la caserma *des Augustines*. In questo centro di raggruppamento i volontari indossavano un'uniforme color kaki, poiché l'uniforme *feldgrau* era prevista solo in zona di guerra. Venne creato per i membri della nuova legione anche uno scudo speciale da portare sul petto. La possibilità di indossare l'elmetto francese, anche in combattimento, fu sospesa, poiché malgrado tutto il lavoro di preparazione, il comando germanico non aveva ancora dato ufficialmente la sua autorizzazione al progetto della nuova legione. Le autorità militari tedesche, rifiutarono anche di distribuire le armi necessarie per l'addestramento dei nuovi volontari.

25 agosto 1942: nel cortile della *caserne des Augustines* a Guéret, il segretario di Stato di Vichy, Jacques Benoist-Méchin, passa in rassegna i primi membri della Legione Tricolore. Alla sua destra, il colonnello Puaud e dietro di lui, il generale Galy, commissario della Legione.

Uno dei francobolli della Legione.

Il 28 agosto 1942, fu organizzata a Vichy una grande cerimonia per ufficializzare la nascita della Legione Tricolore alla presenza dell'ammiraglio Darlan e Otto Abetz, ambasciatore tedesco in Francia. I tedeschi tuttavia continuarono a non mostrarsi interessati alla nuova Legione e lo stesso Monsignor de Lupé ostacolò il progetto. Nei giorni successivi alla cerimonia, il comando germanico ribadì la sua decisione di riconoscere

Legione dei Volontari Francesi contro il bolscevismo

solo la L.V.F. come formazione volontaria francese ed escludendo la creazione di una nuova unità che poteva rappresentare un modo per formare un esercito francese più importante di quello stabilito negli accordi dell'armistizio.

Primavera 1942: nuove reclute per la Legione volontaria francese per le strade di Parigi.

Volontari della Legione Tricolore.

Nel novembre 1942, in seguito allo sbarco degli Alleati in Africa settentrionale e all'invasione italo-tedesca del territorio di Vichy, le autorità germaniche sciolsero definitivamente questa formazione ed i suoi effettivi per la maggior parte andarono ad ingrossare le file della LVF, compreso lo stesso comandante Puaud. Nello stesso tempo, fu avviata dal governo la formazione di una nuova unità chiamata *Phalange Africaine*, da impegnare sul fronte africano al fianco delle forze dell'Asse. Alcuni elementi che si erano già arruolati nella *Légion Tricolore*, aderirono a questo nuovo progetto.

La Phalange Africaine

Nata dunque dalle ceneri della *Légion Tricolore*, la *Französische Freiwilligen Legion*, conosciuta meglio come *Phalange Africaine*, fu una formazione volontaria combattente sul fronte tunisino, in quel periodo ancora territorio dell'Impero coloniale francese. La sua creazione fu una conseguenza dello

Legione dei Volontari Francesi contro il bolscevismo

sbarco delle truppe alleate sulle coste dell'Africa settentrionale, in Marocco ed in Algeria. Le truppe francesi lì stanziate, fedeli al governo di Vichy ed al Maresciallo Pétain, si opposero per tre giorni allo sbarco alleato. Poi, il 10 novembre 1942, venne firmato un armistizio, seguito da un accordo tra l'ammiraglio Darlan e le autorità americane. Ma non tutti i soldati francesi passarono dalla parte delle forze alleate. Numerosi francesi decisero di restare fedeli al governo di Vichy e si raccolsero intorno all'ammiraglio Jean-Pierre Esteva, residente generale di Francia in Tunisia. Nel frattempo, a partire dal 9 novembre 1942, le truppe italo-tedesche iniziarono a sbarcare in Tunisia. Il Maresciallo Rommel, con i resti del suo *Afrika Korps* ripiegò anch'egli dalla Libia verso la Tunisia meridionale.

A sinistra, soldati americani interrogano un soldato francese nei pressi di Orano, uno dei pochi che si oppose con le armi allo sbarco alleato. A destra, l'ammiraglio Jean-Pierre Esteva.

Jacques Doriot.

Nella Francia occupata, Jacques Doriot, capo del Parti Populaire Français (P.P.F.), chiese fin dal 9 novembre, la creazione di una nuova formazione militare chiamata *Legion Imperiale*, per difendere e riconquistare i territori africani. Il 13 novembre, l'ambasciatore Fernand de Brinon, consegnò un messaggio al presidente del governo, Pierre Laval, nel quale l'ambasciatore del Terzo Reich in Francia, Otto Abetz, chiedeva un maggiore impegno militare della Francia al fianco dell'Asse. Ma il 15 novembre 1942, malgrado l'invio in missione a Tunisi dell'ammiraglio Platon per organizzare la resistenza, l'armata francese in Africa passò al fianco degli Alleati. Il 18 novembre, la Germania chiese alla Francia di dichiarare guerra agli Stati Uniti. Il 21 novembre, Joseph Darnand, capo del S.O.L. (*Service d'Ordre Légionnaire*), e delegato permanente della *Légion Française des Combattants*, lanciò alla radio un appello per la creazione di una falange di volontari, per la riconquista dell'Impero, che fu battezzata come *Phalange Africaine*. Furono subito aperti

Legione dei Volontari Francesi contro il bolscevismo

numerosi uffici di arruolamento dove accorsero numerosi volontari nelle due zone: alla fine di novembre erano state registrate più di 700 domande di arruolamento nell'ufficio di Vichy. I volontari civili restarono in attesa della loro futura convocazione al centro di raggruppamento o in alcuni casi, furono diretti alla caserma *des Augustines* a Guéret.

Colonna di nuove reclute per la LVF in marcia per le strade di Parigi, primavera 1942.

Un ufficio arruolamenti per la Falange a Parigi, 1942.

Alcuni membri della disciolta *Légion Tricolore*, così come ex-membri dell'esercito francese dell'armistizio, decisero di arruolarsi in questa nuova unità militare. Tuttavia, a causa di problemi nei trasporti, con il Mediterraneo diventato poco sicuro per i convogli marittimi, non tutti i volontari riuscirono a giungere in Tunisia. Alla fine i tedeschi decisero di reclutare altri volontari direttamente sul posto: l'alto comando tedesco permise così ad una missione militare francese, composta da sei ufficiali, di arrivare in aereo a Tunisi, il 28 dicembre 1942. A capo della missione militare c'era il tenente colonnello Pierre Cristofini. Come suo aiutante, fu designato il maggiore Henri Curnier, che diventerà il capo dell'unità di collegamento con le truppe tedesche. C'erano poi i capitani Daniel Peltier e Roger Euziéres, il tenente Henry Charbonneau, responsabile della propaganda della *Phalange* alla radio di Vichy e nipote di Joseph Darnand, così come il tenente colonnello Christian Sarton du Jonchay. Lo scopo principale di questa missione era quello di assumere il controllo dei soldati francesi in Tunisia, abbandonati nelle loro caserme e costituire con essi delle unità volontarie da impegnare al fianco delle forze dell'Asse.

Kompanie Frankonia

La prima unità ad essere formata fu la cosiddetta 'Kompanie Frankonia', aggregata al *II.Bataillon* del *Grenadier Regiment 754* della *334.Infanterie-Division*. Il battaglione era agli ordini dell'*Hauptmann* Michael Bürgmeister, la divisione era invece agli ordini del *Generalleutnant* Friedrich Weber. All'inizio del gennaio del 1943, questa prima formazione fu integrata a titolo simbolico nelle forze armate tedesche: i volontari furono acquartierati nella caserma *Forgemol*, nel quartiere Franceville, mentre la caserma *Faidherbe*, servì da deposito. Le due caserme si trovavano a Tunisi, così come l'ufficio di reclutamento, aperto dal 1° gennaio. Pochi giorni dopo, fu creato sempre a Tunisi il C.U.A.R. (*Comité d'Unité d'Action Révolutionnaire*, Comitato di unità e azione rivoluzionaria) da un delegato del Segretario di Stato all'informazione, Paul Marion, con l'obiettivo di raggruppare tutti i partiti e i movimenti decisi a difendere il suolo tunisino. Il 2 febbraio 1943, una compagnia comprendente numerosi tunisini, che in seguito su richiesta delle autorità tedesche furono trasferiti ad altre unità, fu trasferita al campo di Cedria-Plage, a 17 chilometri da Tunisi, per l'addestramento. Tra i nuovi volontari c'erano coloni, militanti nazionalisti (tra i quali molti membri del P.P.F.), studenti, sottufficiali e soldati di carriera 'liberati'. Fu inoltre organizzato un giro di propaganda nei principali centri del S.O.L., alla fine del mese, riuscendo a reclutare altri

Ufficiali della Legione Tricolore: in alto a sinistra, il capitano Henri Curnier e in basso a destra, il futuro tenente colonnello Pierre Cristofini (*Chris Chatelet*).

Capitano Roger Euziére. **Tenente Henry Charbonneau.**

Legione dei Volontari Francesi contro il bolscevismo

110 volontari. Alla fine di febbraio del 1943, con circa 250 uomini (su circa 450 aspiranti volontari), venne formata una prima falange africana. Questa compagnia fu posta agli ordini del capitano André Dupuis, capo aggiunto del S.O.L. di Tunisia.

Generale Friedrich Weber.   **Capitano André Dupuis.**   **Lo scudo della Falange Africana.**

Il comando germanico rinforzò l'unità con un plotone pesante comprendente 4 mitragliatrici, 2 mortai da 60, 3 cannoni anticarro da 47. I volontari ricevettero le uniformi dell'esercito coloniale francese, ma con l'elmo dell'esercito tedesco decorato con la bandiera francese e sul petto uno scudo con il simbolo della Francia di Vichy, la *'francisque'* (francisca gallica) del maresciallo Pétain. Alcuni istruttori tedeschi, quasi tutti veterani del fronte dell'Est, furono impegnati a supervisionare l'istruzione dei nuovi volontari. Furono inoltre condotte numerose sedute di addestramento in collaborazione con la compagnia paracadutisti tedeschi agli ordini del *Leutnant* von Bülow.

18 marzo 1943, la cerimonia di giuramento dei volontari al campo di Bordj-Cedria. Di spalle i paracadutisti tedeschi presenti alla cerimonia insieme ad altri comandanti militari tedeschi.

Il 18 marzo 1943, fu organizzata la cerimonia ufficiale per la costituzione dell'unità, che in quel momento aveva raggiunto la forza di 450 uomini, di cui 300 francesi e 150 musulmani tra algerini e tunisini. I volontari prestarono giuramento sulla bandiera francese prima a Philippe Pétain come capo dello Stato e poi ad Adolf Hitler come comandante supremo delle forze armate tedesche.

L'ammiraglio Jean-Pierre Esteva si congratula con il comandante Curnier ed il capitano Peltier. Alle spalle del capitano Curnier, al centro, si intravedono lo *Sturmbannführer* della *Sipo-SD* Carlthéo Zeitschel ed il tenente Henri Charbonneau (*Chris Chatelet*).

Un membro della Falange. Notare la bandiera dipinta sull'elmetto.

A partire dal 2 aprile 1943, la *Phalange africaine* fu assegnata ufficialmente alla *334.Infanterie-Division*. Nella notte tra l'8 ed il 9 aprile, i volontari francesi furono trasferiti su camion, trattori cingolati, moto e *sidecar*, verso il settore del fronte dove sarebbero stati impegnati, nei pressi del villaggio di Medjez el-Bab, andando a rilevare un'unità tedesca. Di fronte ai francesi c'erano i reparti della 78ª divisione di fanteria della 1ª armata britannica. L'armamento e gli equipaggiamenti dei volontari erano quasi tutti francesi, ad eccezione dei 160 fucili tedeschi. I sei plotoni dell'unità disponevano di 18 mitragliatrici francesi e 4 mitragliatrici *Hotchkiss*. L'artiglieria comprendeva due mortai da 60 e tre cannoni da 47. Fin dai primi giorni, le posizioni della Falange africana furono sottoposte ad un costante bombardamento da parte dell'artiglieria e dell'aviazione britanniche, facendo registrare le prime perdite. Il 14 aprile, l'unità lamentò il primo caduto ed altri due volontari restarono feriti. Nella notte tra il 16 e il 17 aprile, una pattuglia francese intercettò un reparto nemico comprendente una cinquantina di uomini, neozelandesi e indù. Nel combattimento corpo a corpo che ne seguì, i volontari francesi ebbero la meglio, catturando tre prigionieri e recuperando numeroso materiale. Il reparto britannico lamentò la perdite di sette uomini. Questa prima vittoria, valse alla compagnia una prima citazione nell'ordine del giorno della *334.Infanterie-Division* e per l'anniversario del *Führer*, furono concesse ai francesi tre Croci di Ferro. Nella notte del 22 aprile, le batterie inglesi colpirono le posizioni del *III./Gren.Rgt. 754*, a sinistra di quelle francesi, poi alle 4:00 del mattino, il fuoco si spostò anche sulle posizioni francesi. Poche ore dopo, il nemico attaccò: dei carri pesanti americani, in appoggio all'offensiva inglese, attaccarono le posizioni franco-tedesche. Nel corso dei furiosi combattimeni, un'intera compagnia tedesca fu annientata, lasciando un'ampia breccia nel fronte difensivo e permettendo agli attaccanti di circondare le posizioni francesi. La battaglia si trasformò subito in un violento combattimento corpo a corpo. I volontari francesi si trincerarono sulle alture a quota 119, dove resistettero eroicamente per più di tre giorni, infliggendo gravi perdite ai britannici. Poi, il 27 aprile furono costretti ad abbandonare le loro posizioni per evitare di finire completamente annientati, grazie all'appoggio di fuoco di alcune batterie *nebelwerfer* tedesche. La compagnia francese lamentò numerose perdite, si contarono circa una sessantina di dispersi, tra caduti e prigionieri, oltre a numerosi feriti. Dopo essere stata impegnata in azioni di pattuglie, il 25 aprile la compagnia fu posta in riserva. Nei giorni seguenti, sempre sotto i pressanti bombardamenti dell'aviazione alleata, i volontari francesi ripiegarono ancora più a nord, con poco più di una sessantina di combattenti ancora validi, raggruppandosi il 6 maggio 1943, nei pressi del deposito del quartiere di Faidherbe a Tunisi, ritrovando i loro feriti evacuati. Gli uomini erano decisi a continuare a battersi per l'ultima difesa della piazzaforte accanto ai tedeschi, agli italiani e ai tunisini. Quando però la situazione si fece difficile, il capitano Dupuis su ordine tedesco, disciolse l'unità e smobilitò gli uomini, invitandoli a cercare individualmente una via di fuga. Alla fine, solo un piccolo gruppo di ufficiali francesi riuscì a partire su aereo per l'Italia con i tedeschi. Tutti gli altri restarono in Tunisia in attesa della resa delle forze dell'Asse. La maggior parte dei supersiti della Falange africana si arrese alle forze alleate a Capo Bon l'8 maggio 1943, precedendo di pochi giorni la resa delle restanti truppe dell'Asse in Tunisia avvenuta il 13 maggio 1943. Nel corso della campagna di Tunisia, le perdite della Falange africana furono di 6 morti, 7 feriti e 57 dispersi.

Note

[1] Edgar Puaud nacque il 29 ottobre 1889 a Orlèans. Rimase orfano di entrambi i genitori in tenera età. Incoraggiato dal suo tutore, il giovane Puaud si indirizzò verso la carriera militare, entrando nella scuola militare di Saint-Maixent da dove uscì come sottufficiale. Nel 1914, allo scoppio della Prima Guerra Mondiale, era già sottotenente in una unità di cacciatori alpini. Poco dopo passò in un reggimento di fanteria combattendo in prima linea contro i tedeschi. Nel novembre 1918 raggiunse il grado di capitano. Dopo aver lasciato l'esercito, Puaud nel 1923 si arruolò nella Legione straniera. Servì in Marocco, poi in Siria e in Indocina, dove fu promosso al grado di maggiore. Dopo la disfatta francese del 1940, Puaud entrò nell'esercito di Vichy, come comandante del III battaglione del 23° reggimento di fanteria dislocato a Montauban. Promosso tenente colonnello assunse il comando del reggimento fino all'estate del 1942, quando fu trasferito ad Agen a dirigere l'ufficio locale della Legione straniera. Nel luglio 1942, si arruolò nella Legione Tricolore; nominato colonnello in dicembre, assunse la carica di ispettore generale della *LVF*, partendo per il fronte dell'Est. Nel settembre 1943, nominato colonnello della *Wehrmacht*, ricevette il comando della LVF.

Cap. VI) Il ritorno del I battaglione al fronte

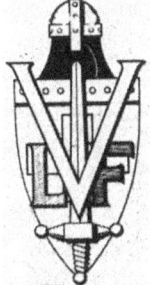

Dopo il lungo periodo di addestramento passato al campo di Kruszyna, i reparti del nuovo I battaglione della LVF iniziarono la loro marcia di trasferimento verso l'area di destinazione operativa. Il primo convoglio partì il 17 luglio 1942: insieme al maggiore Lacroix, le tre compagnie fucilieri, la *1.Kompanie* del capitano Georges Cartaud, la *2.Kompanie* del tenente Pierre Michel e la *3.Kompanie* del tenente Noel Piqué. Un secondo convoglio, trasportò lo Stato Maggiore del battaglione, gli ufficiali e i graduati dello Stato Maggiore di collegamento tedesco agli ordini dell'*Hauptmann* Winneberger, la compagnia di Stato Maggiore, con il reparto trasmissioni, il plotone anticarro del sottotenente Jean Lemarquer ed il plotone mortai del sottotenente Clément Samboeuf. I legionari sbarcarono a Borisov in Bielorussia, tra il 21 ed il 23 luglio.

Legionari del I battaglione della LVF in marcia, estate 1942.

Generalleutnant Richert.

Reparti del I battaglione della LVF sul fronte dell'Est, durante una sosta prima di raggiungere le nuove posizioni, estate 1942.

Restarono molto sorpresi quando si accorsero di essere sbarcati molto lontano dalla linea del fronte. Il comandante Lacroix non ci mise molto a capire che i suoi uomini sarebbero stati impegnati ancora come forza di sicurezza nelle retrovie contro le formazioni partigiane. Il I battaglione della LVF era stato infatti aggregato alla *286.Sicherungs-Division*, agli ordini del *Generalleutnant* Johann-Georg Richert, unità impegnata in operazioni di rastrellamento intorno all'area di Smolensk. La zona delle retrovie del Gruppo Armate del Centro era sotto la responsabilità del generale

Legione dei Volontari Francesi contro il bolscevismo

Capitano Georges Cartaud (*Signal*).

von Schenckendorff, il quale aveva ai suoi ordini le truppe della piazza di Smolensk e quattro divisioni di sicurezza: *201., 203., 221. e 286*. Il 27 luglio, i legionari francesi effettuarono il loro primo rastrellamento: il battaglione Lacroix si diresse verso sud-est, lungo il corso della Beresina, disposto su un'unica colonna, preceduta dai motociclisti dello Stato Maggiore di collegamento tedesco. Dopo alcune tappe, la colonna si fermò a Nowoselki, dove passò la notte. All'alba del giorno dopo, la marcia riprese fino a Murowo. Qui i francesi rimasero per una decina di giorni, eliminando dall'area le formazioni partigiane. Il 1° agosto, il generale von Schenckendorff si recò in aereo a Borisov, per comunicare di persona i nuovi ordini al comandante Lacroix: ai volontari francesi venne affidata la protezione dei convogli in passaggio sulla Beresina. Dal 5 agosto, i legionari furono impegnati attivamente contro le bande partigiane locali, in una serie di operazioni che videro coinvolte tutte le compagnie. A partire dal 13 agosto, il battaglione francese fu trasferito nell'area a sud di Vitebsk per prendere parte all'operazione *Greif*, per ridurre una sacca nemica nel triangolo Vitebsk – Orscha - Smolensk. C'erano circa cinquemila partigiani asserragliati nell'area, che ostacolavano tutto il traffico stradale e ferroviario tra Orscha e Vitebsk.

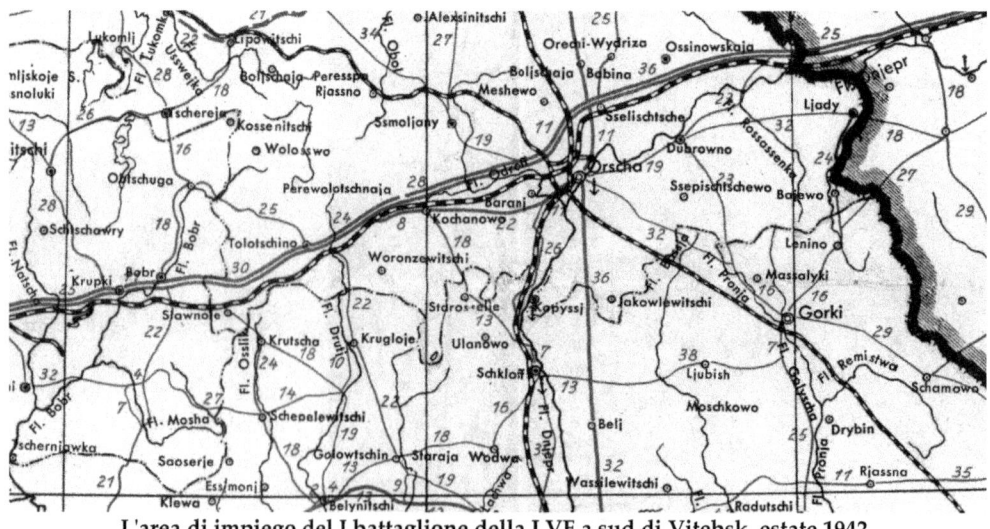

L'area di impiego del I battaglione della LVF a sud di Vitebsk, estate 1942.

All'operazione parteciparono la *286.Sicherungs-Division*, due reggimenti di polizia tedeschi, alcuni battaglioni di volontari russi anticomunisti e il I Battaglione della LVF. Il battaglione francese si mise in marcia nella mattinata del 17 agosto, dirigendosi verso nord. Verso mezzogiorno, i legionari giunsero a Ostrow-Jurjewo, dove il comandante Lacroix insediò il suo posto di comando. Il giorno dopo, i volontari francesi furono impegnati nella conquista del villaggio di Osjery, occupato dai partigiani.

Legionari del I battaglione della LVF impegnati ad attraversare la Beresina, estate 1942.

Legionari francesi impegnati durante l'operazione *Greif*.

Elementi di un battaglione di volontari ucraini al servizio dei tedeschi impegnato al fianco della Legione francese.

L'operazione si concluse con un completo successo. I reparti francesi continuarono ad essere impegnati in rastrellamenti fino ai primi di settembre, quando il battaglione ritornò nell'area di Borisov a nord-ovest di Minsk; il posto di comando del battaglione si insediò a Smorki, mentre le compagnie fucilieri si acquartierarono nei villaggi di Denisovici, Vidriza e Ucholoda. I legionari francesi continuarono ad essere impegnati in nuove operazioni di pattugliamento e rastrellamento per proteggere le vie di comunicazione dagli attacchi partigiani. Furono organizzati vari presidi nei villaggi della zona, collegati tra loro da pattuglie mobili che si spostavano continuamente da un punto all'altro. Il 4 ottobre 1942, una di queste pattuglie, comprendente una ventina di uomini guidati dal sergente maggiore Marchand effettuò un collegamento tra la *1.Kompanie* insediata a Denisovici e la *2.Kompanie* a Vidriza, per la consegna della posta e dei rifornimenti ai vari punti di appoggio intermedi.

Una colonna del I battaglione della LVF in marcia in una zona boscosa, autunno 1942.

Un gruppo di legionari in un villaggio, 1942.

Durante il tragitto, la colonna cadde in un'imboscata tesa dai partigiani, all'altezza della frazione di Kalinin: colti di sopresa e sommersi dal fuoco nemico, i legionari finirono tutti massacrati senza avere il tempo di reagire. L'altra colonna francese partita dalla direzione opposta per congiungersi con quella di Marchand, quando raggiunse il luogo dell'agguato trovò 18 cadaveri nudi ed orrendamente mutilati. I collegamenti tra i vari punti di appoggio continuarono, ma furono contemporaneamente intensificati i rastrellamenti in tutta l'area per scovare le bande partigiane. Le compagnie del I Battaglione continuarono ad essere impegnate con successo in attacchi contro le posizioni partigiane prima a Somry e poi nell'area di Sytch fino al mese di dicembre. Il 13 dicembre 1942, il capitano Henry Poisson assunse ad interim il comando del I Battaglione francese, sostituendo Lacroix che fu rimpatriato, perché considerato dai comandi tedeschi troppo attivo politicamente.

Cap. VII) L'impiego del III battaglione a Krutojar

Dopo un breve periodo di riposo, all'inizio del mese di settembre del 1942, il III Battaglione della LVF andò a rilevare il *Sicherungs-Bataillon 743* nella protezione della linea ferroviaria tra Unetscha e Kritschew ad est di Krasnopolje. I legionari dovevano al solito impedire i continui sabotaggi da parte dei partigiani alla linea ferroviaria. Il comando del battaglione si installò nel villaggio di Kostjunowitschi, insieme allo stato maggiore di collegamento tedesco, alla compagnia di stato maggiore ed al comando della *9.Kompanie*. Il comando della *10.Kompanie* si insediò a Malyje-Belynkowitschi, mentre l'*11.Kompanie* rimase a Bratkowitschi, con un plotone a Palush. Verso la metà di settembre, il capo di stato maggiore di collegamento tedesco presso il battaglione, l'*Oberstleutnant* von Kirschbaum fu sostituito con l'*Hauptmann* Kanzian (Kantzian); quest'ultimo restò con i francesi fino al termine della campagna di Russia.

A sinistra, sfilata dei legionari del III battaglione a Palush, davanti all'*Oberst* Wiemann, comandante del *Sicherungs Regiment 45*. A destra, volontari francesi, autunno 1942.

Legionari francesi in marcia.

Nello stesso periodo, giunsero anche 125 nuovi legionari dal campo di Kruszyna, che andarono a rinforzare le compagnie del battaglione. Il 25 novembre 1942, giunse al comando del battaglione l'ordine di conquistare il villaggio di Krutojar, situato a 6 chilometri a nord-est di Niwnoje, una posizione strategica per il controllo di tutta l'area circostante. La mattina del 26, partì alla volta del villaggio, la sezione d'intervento dell'aiutante capo (*Stabsfeldwebel*) Picard, comandante del primo plotone della *9.Kompanie*, rinforzata da 25 poliziotti ausiliari russi. La sezione comprendeva quattro gruppi da combattimento, di cui uno distaccato dalla *10.Kompanie*. L'armamento pesante comprendeva oltre a quattro mitragliatrici *MG-34*, un

Legione dei Volontari Francesi contro il bolscevismo

mortaio da 80mm ed un lanciagranate. Un telefonista, quattro uomini del comando della 9.*Kompanie* ed il caporale Bailly, corrispondente di guerra, partecipavano all'operazione.

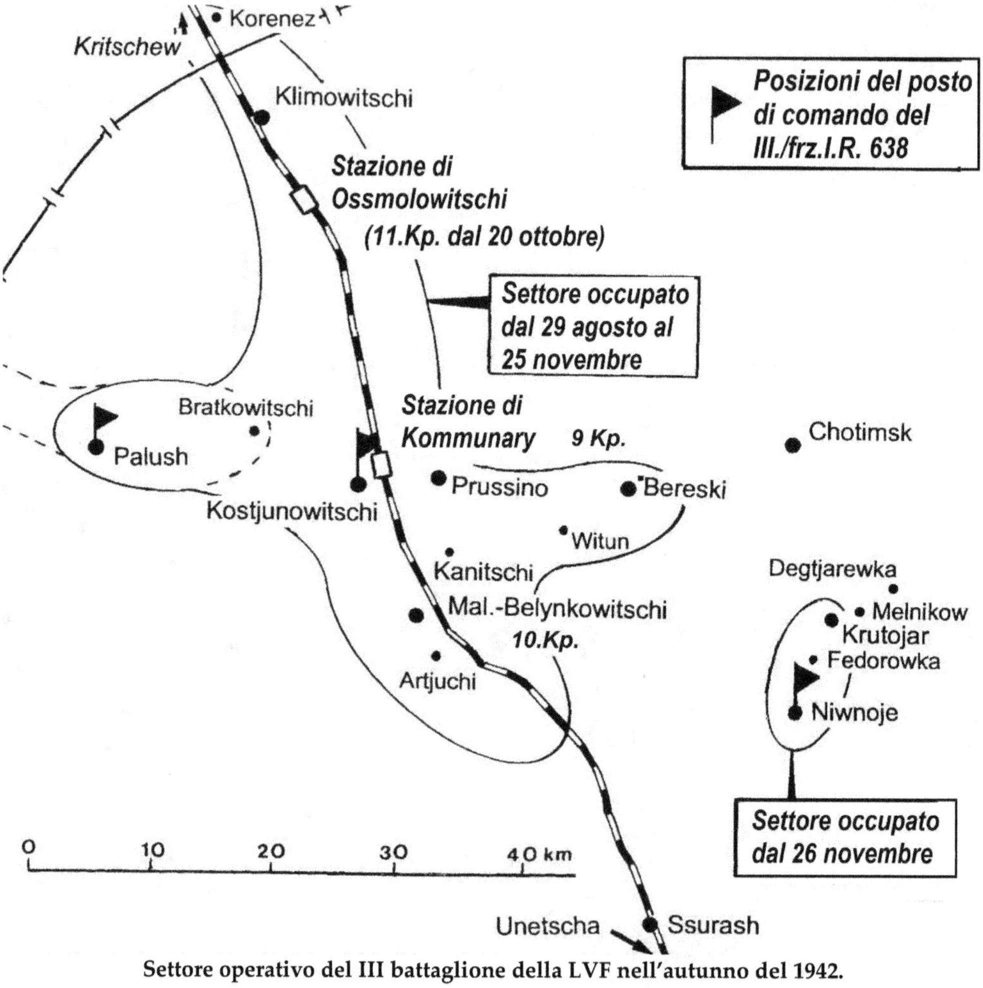

Settore operativo del III battaglione della LVF nell'autunno del 1942.

Un gruppo di poliziotti ausiliari russi in marcia.

Partita alle 9:00 del mattino, la sezione francese giunse in vista di Krutojar dopo circa un'ora di marcia. Una volta nel villaggio, Picard dispose gli uomini a cerchio intorno alla posizione, mentre ai poliziotti ausiliari russi fu ordinato di setacciare le case una ad una. Dopo aver controllato tutte le isbe, il sottufficiale diresse i suoi uomini verso Degtjarewka in direzione nord-est. Verso le 11:30, la colonna francese finì sotto il fuoco

Legione dei Volontari Francesi contro il bolscevismo

Legionari francesi prima di una nuova battaglia, 1942.

Partigiani sovietici con armi catturate ai tedeschi.

Reparti tedeschi impegnati in un rastrellamento, 1942.

nemico proveniente dalla fitta vegetazione: i legionari risposero subito al fuoco senza però riuscire a prendere contatto con gli assalitori, spariti nella boscaglia. Temendo di cadere in un'imboscata, Picard decise di ritornare a Krutojar. Durante la marcia, una pattuglia inviata in ricognizione diede l'allarme: un reparto partigiano era stato avvistato non lontano da Melnikow a soli cinquecento metri dalla posizione di Krutojar. Una trentina di partigiani era giunta già in prossimità del villaggio, subito rinforzata da un altro gruppo comprendente una cinquantina di uomini. Picard ordinò ai suoi legionari di raggiungere più in fretta possibile Krutojar: il gruppo di volontari agli ordini del caporale Louis Pellegrini, che marciava in retroguardia, finì sotto il fuoco nemico. Louis Pellegrini, dopo essere rimasto gravemente ferito, preferì suicidarsi per non cadere vivo nelle mani dei partigiani. Intanto su Krutojar iniziarono a cadere i primi colpi dei mortai nemici: colti di sopresa sulle loro posizioni, i legionari francesi non ebbero il tempo di mettersi al riparo. Il primo a cadere sotto il fuoco nemico fu il legionario Georges Delvolve. Lo stesso gruppo Picard, giunto nell'abitato, finì sotto il fuoco dei mortai sovietici e tre dei suoi uomini restarono gravemente feriti. Dopo aver tentato di organizzare una linea di resistenza, Picard decise di abbandonare il villaggio, troppo esposto al fuoco dei sovietici e far

Legione dei Volontari Francesi contro il bolscevismo

Un gruppo di partigiani durante l'attacco ad un villaggio.

Una postazione difensiva con una *MG-34*, autunno 1942.

Reparti della Legione francese in marcia, gennaio 1943.

ripiegare i suoi uomini in un bosco vicino, a circa un chilometro da Krutojar. Da qui, i legionari francesi riuscirono a ripiegare nel pomeriggio verso Fedorowka, dopo aver respinto alcuni assalti nemici. Il bilancio delle perdite ammontava a 3 caduti, 6 feriti e 6 dispersi. Per riconquistare la posizione di Krutojar, intervenne la *10.Kompanie* della LVF insieme ad una formazione del *Polizei Regiment 8*. Nell'avvicinarsi alla posizione, il gruppo da combattimento fu bloccato da un massiccio fuoco di sbarramento del nemico e costretto a ripiegare su Niwnoje. Questo stesso villaggio fu attaccato subito dopo dai partigiani: dopo un iniziale sbandamento, i legionari francesi riuscirono a respingere con le loro armi i partigiani costringendoli a riparare nei boschi. Il 28 novembre, la sezione di intervento di Picard, la *9.Kompanie* del tenente Mesléard ed una compagnia del *I./Pol.Regt.8* attaccarono Krutojar, trovandola libera dalle forze nemiche.

Sul fronte della Desna

All'inizio del 1943, il III battaglione francese, passato temporaneamente agli ordini del capitano Jacques Madec, fu impegnato in azioni di rastrellamento e pattugliamento nella foresta della Mamajevka. All'inizio di febbraio, il battaglione fu trasferito lungo il corso della Desna partecipando ad una grande controffensiva tedesca nel settore di Kursk contro le forze sovietiche. Tra Orel e Kursk c'era stata una penetrazione sovietica in un settore dove le forze tedesche erano quasi assenti. Il III battaglione della LVF passò quindi alle dipendenze della 2.*Panzer-Armee* per tamponare la falla. Bisognava fermare a tutti i costi gli assalti sovietici lungo la Desna: il comando del battaglione francese si installò a Ostraya Louka insieme all'*11.Kompanie*, la *9.Kompanie* si attestò sulla sinistra nel villaggio di Gvinelo in collegamento con un'unità ungherese, mentre la *10.Kompanie* prese posizione a Dolsk in collegamento con un *Ostbataillon* di volontari Kirghisi.

Un volontario francese del III/LVF armato con un mitra sovietico su una slitta trainata da un cavallo durante un'operazione all'inizio del 1943 (*Collezione Chris Chatelet*).

Legionari del III/LVF impegnati in combattimento, 1943.

I reparti sovietici sull'altra riva della Desna si erano solidamente fortificati ma non sembravano intenzionati a voler attaccare. Ai legionari francesi fu quindi ordinato di effettuare delle ricognizioni per rilevare le posizioni e la consistenza delle forze nemiche. Furono inviate delle pattuglie esploratrici francesi che si scontrarono con le pattuglie sovietiche, inviate dal nemico con lo stesso scopo. Alla fine, quando intervennero in massa le formazioni corazzate tedesche della 2.*Panzer-Armee*, furono chiuse in una sacca tutte le forze sovietiche al di là della Desna: intervennero poi i reparti di fanteria, compresi i legionari francesi, per eliminarle ed annientare gli ultimi focolai di resistenza nemici.

Ricongiungimento dei due Battaglioni

Estate 1943: legionari del I battaglione della LVF sul fronte della Beresina. A sinistra, l'*Obergefreiter* Eugéne Vaulot, futura Croce di Cavaliere a Berlino nel 1945.

Estate 1943: il maggiore Panné ispeziona gli uomini della 9.*Kompanie* a Dubowje, insieme al tenente Gaillard.

Un gruppo da combattimento della 10.*Kompanie* della LVF attraversa un ponte durante un'operazione antipartigiana, all'inizio del giugno del 1943.

Dall'inizio di giugno 1943, i due battaglioni della LVF ritornano ad operare nello stesso settore, controllando l'area compresa tra Borissov e Tolocin a nord, la strada Tolocin – Krugloje -Moghilev ad est, il corso della Beresina fino a Murovo ad ovest. Il I battaglione si attestò nella parte occidentale del settore, il III nella parte orientale: il maggiore Eugène Panné, comandante del III battaglione dalla fine di gennaio del 1943, aveva stabilito il suo posto di comando nel villaggio di Krugloje. Per riuscire a fronteggiare meglio l'azione delle bande partigiane in continuo movimento, i comandi dei due battaglioni della LVF ripartirono i loro plotoni tra i vari villaggi stabilendo come sempre continue azioni di collegamento e pattugliamento per evitare infiltrazioni nemiche. In questo periodo, i due battaglioni della LVF, dipendevano operativamente dalla *286.Sicherungs-Division*. La 10.*Kompanie* del III battaglione, agli ordini del capitano Raymond Dewitte, fu particolarmente impegnata in durissimi scontri ed in numerose operazioni per stanare le bande partigiane. Il 9 giugno, il comando tedesco

Legione dei Volontari Francesi contro il bolscevismo

della *286.Sich.Div.*, richiese al capitano Dewitte una squadra di protezione per i tecnici incaricati di riparare la linea telefonica interrotta dai partigiani, sulla strada Moghilev - Bobruisk oltre il fiume Vaprinka. Venne formata una squadra composta da 16 legionari, che furono caricati su un solo autocarro e senza nessuna staffetta in avanguardia.

Legionari francesi del III/LVF interrogano un civile russo per cercare di avere informazioni sulla possibile presenza di forze partigiane nel settore, estate 1943 (*Collezione Chris Chatelet*).

Legionari francesi impegnati in combattimento durante l'attacco ad un villaggio, estate 1943 (*Chris Chatelet*).

La strada attraversava i boschi e per i partigiani fu quasi uno scherzo tendere un'imboscata: appostati ai margini della fitta boscaglia, i partigiani appena avvistarono l'autocarro con i legionari, aprirono il fuoco con tutte le loro armi: solo l'autista, un ausiliario russo, riuscì a sfuggire alla carneficina e a dare l'allarme. Quando le pattuglie francesi inviate in soccorso arrivarono sul posto, dei partigiani nessuna traccia. Intorno all'autocarro, incendiato e saccheggiato, furono rinvenuti però i corpi senza vita dei sedici legionari, nudi ed orrendamente mutilati. Quelli che non erano morti subito erano stati poi massacrati ferocemente e a sangue freddo. Da quel momento, in tutta l'area lungo il corso della Beresina, le bande partigiane raddoppiarono i loro sforzi per contrastare con tutti i mezzi a loro disposizione l'insediamento dei posti di sorveglianza dei legionari francesi.

Il sottotenente Jacques Seveau. **Legionario francese armato con una MP-40.**

In quello stesso periodo, in seno alla Legione, fu creata una sezione speciale, denominata la "*Chasse*" (la Caccia), una unità indipendente non legata a nessuna compagnia da utilizzare come formazione di pronto intervento e per soccorrere le altre unità in pericolo.

Una pattuglia della Legione francese impegnata lungo il corso della Beresina, estate 1943.

La sua funzione principale però era quella di effettuare colpi di mano ed azioni di disturbo nei villaggi occupati dal nemico, seguendo l'esempio degli *Jagdkommando* tedeschi. In pratica i francesi, volevano utilizzare la stessa tattica dei partigiani nel controllo dei territorio, attuando la tecnica del "*colpisci e fuggi*". La "*Chasse*" fu posta agli ordini del sottotenente Jacques Seveau.

Cap. VIII) Operazioni nell'estate del 1943

Il 5 luglio 1943, i tedeschi lanciarono l'operazione *Zitadelle*, per tentare di eliminare le forze sovietiche nel saliente di Kursk. Le forze partigiane sovietiche furono mobilitate per compiere azioni di disturbo nelle retrovie tedesche. La Legione francese dovette intensificare quindi i suoi rastrellamenti per la salvaguardia delle linee di comunicazione. Il 18 luglio, elementi della compagnia Dewitte furono attaccati nel villaggio di Kolbovo: per dodici ore i francesi si opposero tenacemente ai continui assalti dei partigiani costringendoli a ritirarsi. Da parte francese si registrarono cinque caduti. Il 1° agosto, i partigiani attaccarono in forze il villaggio di Dubovoje, ma furono prontamente respinti dai francesi che lamentarono nell'occasione la perdita di una ventina di uomini, tra caduti e feriti. Nella notte tra il 7 e l'8 agosto, l'*11.Kompanie* del III battaglione fu attaccata nei pressi del posto di sorveglianza di Orechovka: seguirono furiosi combattimenti, che videro i francesi prima difendersi brillantemente e poi contrattaccare costringendo i partigiani a ripiegare.

Nella foto a sinistra, il tenente Roger Audibert (a sinistra) e il capitano Ernest Estel (a destra), aiutante del III battaglione. Nella foto a destra, ancora il tenente Audibert aiutante di Estel.

Una colonna rifornimenti tedesca sul fronte dell'Est.

L'11 agosto, una colonna di carri con rifornimenti e materiali, era in transito sulla strada tra Sokolovici e Novopolje: al seguito c'erano un centinaio di uomini del III battaglione, tra i quali alcuni elementi che tornavano dalla licenza e metà degli effettivi della *9.Kompanie*

Legione dei Volontari Francesi contro il bolscevismo

del posto di Dubovoje. La colonna era agli ordini del capitano Ernest Estel, giunto da poco sul fronte dell'Est e quindi non ancora abituato alla guerra delle imboscate e degli agguati. Ad un certo punto, a metà circa della strada da percorrere, alcuni legionari notarono la presenza di mine. Dei rigonfiamenti del terreno lungo la strada ne erano la prova. La colonna si fermò ed un legionario scettico saltò su uno di questi rigonfiamenti per dimostrare che non c'era nulla da temere. Nel momento in cui arrivò con i piedi sul punto incriminato, una forte esplosione lo scaraventò per aria, 'maciullando' il suo corpo.

Legionari francesi penetrano in un villaggio completamente in fiamme e sotto il fuoco nemico.

L'*Oberleutnant* Audibert tra i suoi legionari.

La detonazione fu anche il segnale dell'inizio dell'attacco dei partigiani, che iniziarono dai bordi dalla strada a colpire la colonna francese, con il fuoco dei mortai e delle mitragliatrici. Il capitano Estel fu uno dei primi a cadere, falciato da una raffica nemica. Gli altri legionari tentarono di ripararsi come potevano, ma il legno dei carri non offriva una valida protezione contro le pallottole nemiche. Alcuni legionari riuscirono a raggiungere alcune isbe a pochi metri dalla pista. Il tenente Bérard guidò i suoi uomini in una disperata carica alla baionetta, ma finirono tutti uccisi. I pochi feriti rimasti furono massacrati dai sovietici senza alcuna pietà. Questa terribile imboscata da parte dei partigiani fu la più costosa in vite umane per il III battaglione della Legione francese in tutto il 1943.

Il 27 agosto 1943, secondo anniversario della formazione della L.V.F., la Legione volontaria francese ricevette una nuova

Legione dei Volontari Francesi contro il bolscevismo

bandiera dal generale Bridoux, il segretario di stato di Vichy, durante una cerimonia a Parigi. La bandiera, recava da un lato la scritta "*La France au 1er Régiment de la Légion des volontaraires Français*" e dall'altro la scritta "*HONNEUR ET PATRIE*" con le indicazioni delle battaglie combattute "1941-1942 DJUKOWO , 1942-1943 BERESINA".

Parigi, 27 agosto 1943: il generale Bridoux durante la cerimonia per la consegna della nuova bandiera in presenza di una rappresentanza dei membri della Legione volontaria francese.

Il drappello d'Onore della Legione sfila per le strade di Parigi con la nuova bandiera della LVF.

Legione dei Volontari Francesi contro il bolscevismo

Colonnello Edgar Puaud.

Graduati della LVF, estate 1943: da sinistra, l'*Hauptmann* Boudet-Gheusi, l'*Oberfähnrich* Barte e l'*Hauptmann* Jean Bassompierre.

Rinasce la Legione

Le altissime perdite subite dalla Legione nei combattimenti dei mesi precedenti furono compensate con l'arrivo di un nuovo secondo battaglione formato con i volontari che avevano appena completato il ciclo di addestramento nei campi di istruzione. Questo II battaglione, formato ufficialmente nel novembre 1943, fu posto agli ordini del maggiore Jean Tramu, ufficiale delle truppe alpine francesi, che si era arruolato nella LVF solo nel luglio 1943. Avendo nuovamente tre battaglioni a disposizione, la Legione potè essere riportata alla forza di un vero reggimento di fanteria: i tre battaglioni furono riorganizzati e l'intera Legione fu posta agli ordini del colonnello Edgar Puaud.

Ordine di battaglia sett.-novembre 1943

Comandante: colonnello Edgar Puaud

Compagnia di stato maggiore: capitano Henri Guiraud

I battaglione
    Comandante: capitano Bassompierre
    capitano Jean Bridoux (dal nov.1943)
    1.Kp.: capitano Boudet-Gheusi
    2.Kp.: tenente Alfred Falcy
    3.Kp.: tenente Noël Piqué

II battaglione
    Comandante: maggiore Jean Tramu
    5.Kp.: tenente Guillaume Veyrieras
    6.Kp.: capitano Jean-Marie Pruvost
    7.Kp.: tenente Roger Audibert

III battaglione
    Comandante: maggiore Panné
    9.Kp.: tenente Raymond Gaillard
    tenente Boillot (dal nov.1943)
    10.Kp.: tenente Bernard Boillot
    tenente Berret (dal nov. 1943)
    11.Kp.: tenente Jean Neveux

Legione dei Volontari Francesi contro il bolscevismo

Cap. IX) Sul fronte della Beresina

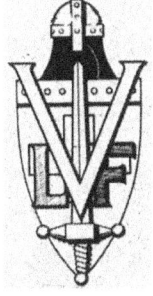

All'inizio di ottobre del 1943, i tedeschi lanciarono una serie di attacchi nell'area ad est della Beresina, contro le numerose forze partigiane presenti: alle operazioni parteciparono con successo anche i reparti del III battaglione della LVF, che furono impegnati nella manovra di accerchiamento delle forze nemiche. Durante l'operazione, furono catturati centinaia di ribelli e distrutti numerosi loro accampamenti. All'inizio di novembre, il I battaglione, agli ordini del nuovo comandante, il capitano Jean Bridoux, figlio del ministro della guerra del governo di Vichy, partecipò alla conquista del villaggio di Kononovici, caduto qualche giorno prima in mano ai partigiani.

Capitano Jean Bridoux.

Volontari francesi durante una marcia di trasferimento, 1943.

Una *Spähtruppe* della *10.Kompanie*, dicembre 1943.

All'inizio di dicembre, alcune pattuglie francesi riuscirono ad individuare la zona dove le forze partigiane si incontravano e transitavano per il trasporto dei loro materiali da un settore all'altro. Numerose colonne nemiche erano state avvistate più volte passare per il villaggio di Solovitchy. Questa volta furono i legionari francesi ad organizzare un'imboscata ai partigiani: venne quindi formato un gruppo da combattimento, comprendente due plotoni della *10.Kompanie* e la *'Chasse'* di Seveau. Con una temperatura di meno venti gradi, i legionari si avvicinarono di notte al villaggio, prendendo posizione lungo i bordi della strada che lo attraversava. L'attesa durò poco: una colonna di carretti nemici fu avvistata infatti subito dopo. Non appena furono a tiro, le mitragliatrici ed i mortai francesi aprirono il fuoco e furono lanciate delle granate a mano: i carretti saltarono in aria, colpiti dal fuoco dei mortai, mentre i partigiani caddero uno ad uno falciati dalle micidiali raffiche delle mitragliatrici. Dal numero dei carretti distrutti Seveau si accorse però che quella che avevano annientato era solo l'avanguardia: il grosso delle forze nemiche doveva ancora passare. Fu quindi necessario liberare la strada dai cadaveri e dai carretti distrutti, per preparare il nuovo agguato.

Soldati della Legione francese su una posizione difensiva con una MG-34, dicembre 1943.

Dicembre 1943: il tenente Seveau con la Croce di Ferro di Prima Classe e il tenente Doriot con quella di Seconda Classe.

Dopo poche ore, fu avvistata un'altra colonna, questa volta più consistente. Seveau ordinò: "*Sparate solo al mio via*". Bisognava che l'intera colonna fosse a tiro per evitare possibili fughe o eventuali contrattacchi del nemico. Non appena la colonna imboccò la strada che attraversava il villaggio, i francesi attesero che i primi carretti passassero, poi all'ordine di Seveau iniziò il tiro a bersaglio. Di nuovo esplosioni, carretti divelti, uomini che cadevano sotto il fuoco incrociato dei legionari francesi. Alcuni partigiani, riuscirono a ripararsi dietro i loro carretti o dietro alcune creste presenti sul terreno, iniziando a rispondere al fuoco. Un gruppo di sovietici si lanciò all'assalto delle posizioni francesi in un disperato tentativo di sfuggire alla morte, ma alla fine gli attaccanti finirono tutti massacrati. Alla fine dei combattimenti, Seveau ed i suoi lasciarono la zona. Il bottino era stato già alto e le munizioni cominciavano a scarseggiare; inoltre bisognava riportare indietro i feriti, bisognosi di cure mediche. I feriti sovietici furono lasciati sul posto e Seveau, rivolto ad uno di loro, dall'aspetto più fiero, disse: "*puoi raccontare ai tuoi compagni che i francesi non ammazzano i feriti nemici*". Per l'azione di Solovitchy, Seveau fu promosso tenente e decorato con la Croce di Ferro di Prima Classe.

Una colonna della Legione francese durante una marcia di trasferimento, dicembre 1943.

La foresta di Somry

Volontari francesi impegnati a spostare un cannone di fanteria durante un trasferimento, gennaio 1944.

Il 27 gennaio 1944, i legionari francesi parteciparono ad una grande offensiva, nella foresta di Somry (a sud-est di Minsk), dove secondo il comando germanico erano nascosti circa seimila partigiani; grazie ad un campo di aviazione costruito a sud-ovest di Saoserje, i partigiani riuscivano a ricevere armi e rifornimenti dall'armata rossa. Tra di loro inoltre c'erano anche molti soldati dell'esercito regolare sovietico, paracadutati nella zona nelle settimane precedenti. Per la prima volta nella sua storia, la Legione fu impiegata in una stessa operazione al completo, con tutti e tre i suoi battaglioni. I tedeschi impegnarono nell'operazione diversi battaglioni della *Wehrmacht* ed alcuni *Ostbataillonen*, i battaglioni composti da volontari russi anticomunisti. Il 30 gennaio, elementi del III battaglione attaccarono il villaggio di Kosel, difeso dai partigiani. I legionari francesi decisero di conquistarlo alla baionetta, senza attendere l'appoggio di fuoco dei mortai. Una compagnia francese attaccò frontalmente, appoggiata sulla sinistra da altri elementi del III battaglione e sulla destra da reparti del I battaglione. Appena arrivati alle prime isbe del villaggio, i legionari finirono sotto il fuoco nemico e furono costretti a mettersi al riparo tra le trincee scavate nella neve.

Legionari francesi con uniformi mimetiche invernali durante l'attacco ad un villaggio, 1944.

Una MG-34 impegnata a fare fuoco contro il nemico.

Reparti tedeschi impegnati sul fronte dell'Est, 1944.

Intervennero a quel punto i mortai, mentre dalle retrovie i tedeschi iniziarono a colpire le posizioni sovietiche con i cannoni da 150 messi in batteria a Scepelevici. Le isbe del villaggio presero fuoco costringendo i partigiani ad uscire allo scoperto: le mitragliatrici francesi ben appostate sterminarono i fuggiaschi. Dalle ultime isbe non ancora in fiamme, partì una disperata controffensiva che si infranse contro il muro di fuoco dei legionari francesi. Le operazioni di rastrellamento nella foresta di Somry e nei suoi dintorni proseguirono per una quindicina di giorni; dopo Kosel, furono conquistati i villaggi di Saoserje e Gorenka. Alla fine furono catturati un migliaio di prigionieri, anche se il grosso delle forze partigiane riuscì ad evitare l'annientamento.

Legione dei Volontari Francesi contro il bolscevismo

Operazione Marocco

Legionari francesi impegnati in combattimento, 1944.

Un pezzo anticarro da 37 mm della LVF in azione.

Approfittando del momentaneo arretramento del grosso delle forze partigiane verso est, i tedeschi allestirono subito una nuova operazione, concordata e progettata con la collaborazione del comandante Puaud, alla quale proprio in suo onore fu dato il nome in codice di "*Operazione Marocco*". L'idea era quella di aggirare le posizioni nemiche in fase di ripiegamento e chiuderle in una sacca, annientandole. Bisognava però battere il nemico sul tempo, prima che potesse riorganizzare le sue forze. Il 15 febbraio 1944, le unità della LVF furono caricate su autocarri e trasferite lungo la strada Bobruisk-Moghilev. All'altezza del villaggio di Cecerici, i reparti francesi operarono una conversione di 90° gradi verso sud-est, ritrovandosi proprio alle spalle delle forze nemiche. Il 16 febbraio, i legionari iniziarono a marciare verso ovest, scontrandosi con numerose pattuglie nemiche ed attaccando i campi sovietici; colti di sorpresa e presi tra due fuochi, i partigiani ebbero sempre la peggio, arrendendosi o finendo annientati dagli agguerriti francesi, che invece lamentarono pochissime perdite. Ancora una volta però, il successo non fu totale: il grosso delle forze nemiche riuscì a sfuggire alla manovra avvolgente. Il bollettino dell'OKW si espresse malgrado tutto positivamente, riportando che durante l'operazione *Marocco* erano stati distrutti 41 campi partigiani, 1.000 fortini, erano stati abbattuti circa 1.200 partigiani e catturati circa 1.400. Il 18 febbraio 1944, il maggiore Panné cadde in combattimento. Al comando del III battaglione subentrò il capitano Berret. Al termine dell'operazione, il I battaglione ripartì

Legione dei Volontari Francesi contro il bolscevismo

Serventi di un PAK da 37 mm della Legione francese.

Un gruppo di legionari del I battaglione, 1944.

Legionari francesi del I battaglione durante un'azione.

verso nord per far ritorno nel suo settore di occupazione ad est della Beresina. Il 26 febbraio, alcuni elementi del battaglione caddero in un'imboscata nei pressi del villaggio di Devoscizi: coperti dalla fitta boscaglia, i partigiani attaccarono la colonna francese mentre era in movimento. Questa volta però la reazione dei legionari fu pronta: il capitano Bridoux fece subito ripiegare gli uomini lungo i margini della foresta e dopo aver messo in posizione i mortai da 80 mm e i pezzi anticarro da 37mm, i francesi iniziarono a colpire le posizioni nemiche con un rapido e potente fuoco di sbarramento. I partigiani vista la violenta risposta dei volontari francesi, pur essendo più numerosi di numero, preferirono ritirarsi, dopo ben tre ore di combattimenti serrati. Il capitano Bridoux per il valore dimostrato in combattimento fu promosso al grado di maggiore.

Nuovi reclutamenti

Nell'aprile del 1944, il comandante Puaud si recò in Francia per partecipare ad una nuova campagna per incentivare i reclutamenti per la LVF. Insieme a lui c'erano anche Monsignor de Lupé e il tenente Jacques Doriot. Il 21 aprile, al Vélodrome d'Hiver di Parigi, il colonnello Puaud si rivolse alla platea presente auspicando un'adesione in massa della gioventù francese alla lotta contro il bolscevismo, spiegando che la LVF poteva rappresentare la rinascita di un nuovo esercito francese. Il comandante Puaud fece ritorno in Russia a metà maggio, portando con sé gli effettivi di una compagnia, la *13.Kompanie*, agli ordini del capitano Émile

Auffray, con la quale fu avviata la formazione del IV battaglione della LVF. Nella compagnia erano stati arruolati anche molti volontari russi anti-comunisti.

21 aprile 1944: un momento della manifestazione per la LVF al Vélodrome d'Hiver di Parigi.

La colonna Martin

Il capitano Martin, sulla destra, discute con un colonnello tedesco i movimenti di una nuova operazione, giugno 1944.

L'11 giugno 1944, fu inviata una colonna in perlustrazione tra Novo Polessy e Krutchka, una zona dove erano stati segnalati concentramenti e movimenti di forze partigiane. La colonna agli ordini del capitano Jaques Martin, comprendeva due plotoni della 3.*Kompanie* del I battaglione agli ordini del tenente Yves Rigeade ed un plotone di cavalieri agli ordini del maresciallo maggiore Gabin, per un totale di circa 130 uomini. Nella colonna Martin c'era anche il maggiore Bridoux che doveva far ritorno al suo posto di comando di Sokolovici. Per coprire il movimento della colonna, Puaud inviò un distaccamento della compagnia reggimentale, circa 60 uomini, agli ordini del capitano Henri Guiraud, con il compito di portarsi a nord di Krutchka prima che Martin giungesse con i suoi. Dopo una partenza tranquilla, le staffette francesi notarono dei movimenti sospetti in direzione di Krutchka; il capitano Martin fece cambiare strada ai suoi uomini, abbandonando la strada principale e facendoli marciare lungo i margini del bosco. Arrivati nel punto di incontro con la colonna del capitano Guiraud nei pressi di Krutchka, invece di trovare i loro camerati si ritrovarono sotto il fuoco nemico, mentre attraversavano un ruscello: "*Portate i carri nel bosco al coperto*" gridò il capitano Martin.

Un gruppo di legionari francesi della colonna Martin a bordo di un caccia carri *Marder*, 1944.

Una pattuglia esplorante del I Battaglione della LVF inviata in avascoperta, giugno 1944.

Il fuoco dei sovietici si concentrò nel punto del guado del corso d'acqua, passaggio obbligato per i legionari. I partigiani sparavano con le mitragliatrici ed i mortai. I francesi riuscirono a piazzare le loro mitragliatrici e iniziarono a rispondere al fuoco nemico. Caddero in molti, e solo pochi riuscirono a trovare subito un riparo; il maggiore Bridoux

Legione dei Volontari Francesi contro il bolscevismo

considerando la superiorità delle forze nemiche e trovandosi di fronte non solo partigiani ma anche paracadutisti dell'Armata Rossa, ordinò agli uomini di ripiegare. Lo sganciamento venne effettuato a piccoli gruppi attraverso la boscaglia, mentre gli altri dovevano continuare a sparare. Dopo il fuoco di sbarramento, i sovietici attaccarono in massa; i francesi si difesero andando a loro volta all'assalto con la baionetta.

Una postazione difensiva tedesca con una MG-34, estate 1944.

Legionari all'assalto.

"*Viva la Legione*" urlò il tenente Rigeade, lanciando i suoi uomini all'attacco. Le grida e l'impeto dei francesi spaventarono a tal punto i sovietici, da costringerli a ritirarsi piuttosto che impegnarsi in un combattimento corpo a corpo. Ne approfittarono Bridoux e altri legionari per raggiungere Novo Plessy e dare l'allarme via radio al comando del reggimento. Puaud, avvertì il comando divisionale tedesco a Krupka chiedendo l'invio immediato di mezzi corazzati. Intanto era stata scoperta la sorte del distaccamento Guiraud: alle 8:00 del mattino era caduto in un'imboscata nemica ed era stato completamente annientato. Quando il tenente Rigeade ed il maresciallo maggiore Gabin arrivarono sul posto dell'agguato trovarono solo un cumulo di cadaveri in fondo ad una scarpata. Alle 13:00, arrivarono finalmente i rinforzi da Krupka. Nei boschi di Krutchka, la Legione volontaria francese aveva perso più di cento uomini, tra caduti e dispersi.

Legione dei Volontari Francesi contro il bolscevismo

Un legionario francese impegnato in combattimento sul fronte dell'Est.

Cap. X) Gli scontri sul fronte di Bobr

Il 22 giugno 1944, quarto anniversario dell'inizio dell'Operazione *Barbarossa* (Stalin scelse la data appositamente), fu lanciata l'offensiva generale sovietica contro il Gruppo di Armate del Centro, l'operazione *Bagration*. Tre fronti sovietici, il 1°, il 2° ed il 3° fronte bielorusso, attaccarono le posizioni dell'*Heeresgruppe Mitte*. Contemporaneamente le forze partigiane alle spalle delle linee tedesche intensificarono la loro attività nel tentativo di interrompere tutte le vie di comunicazione: migliaia di esplosioni fecero saltare le linee ferroviarie e i ponti principali dal Dnepr fino all'area ad ovest di Minsk. Nelle retrovie tedesche scene di panico, confusione e ripiegamenti. I reparti della Legione francese superarono il fiume Bobr, affluente della Beresina, seguendo la ritirata delle forze tedesche; poi dovettero tornare indietro. Il comandante Puaud aveva ricevuto l'ordine di riportare i suoi legionari in prima linea: la LVF doveva difendere il settore di Bobr, per coprire la ritirata degli altri reparti tedeschi.

Il colonnello Edgar Puaud.

Truppe tedesche in ritirata sul fronte dell'*Heeresgruppe Mitte*.

Soldati tedeschi in un villaggio bielorusso, 1944.

L'organizzazione Todt aveva già costruito per i francesi appositi trinceramenti lungo l'autostrada Minsk-Mosca, da dove sicuramente sarebbero passati i carri sovietici. Venne formato un *Kampfgruppe* agli ordini del maggiore Bridoux, comprendente le tre compagnie del I battaglione, due compagnie del III, la *13.Kompanie* del IV e l'unità anticarro: in tutto 600 uomini. Con loro anche l'ufficiale di collegamento tedesco della Legione, l'*Oberst* von Spee. Arrivati al villaggio di Bobr, i

Legione dei Volontari Francesi contro il bolscevismo

francesi presero posizione davanti al ponte dell'autostrada sull'omonimo fiume: la 3.*Kompanie* del tenente Yves Rigeade piazzò le sue mitragliatrici ed i mortai nel cimitero, tra le tombe. La 2.*Kompanie* si insediò nelle trincee che arrivavano fino all'autostrada con il gruppo mortai pesanti. I pezzi anticarro si attestarono a destra della strada per Bobr.

Un gruppo di volontari francesi su una posizione lungo l'autostrada Minsk-Mosca, 1944.

Il posto di comando della Legione lungo l'autostrada Minsk-Mosca: da sinistra, l'*Hauptmann* Auffray comandante della 13.*Kp./IV*, l'*Oberleutnant* Seveau e l'*Oberstabsarzt* Lelongt.

Legione dei Volontari Francesi contro il bolscevismo

La posizione difensiva francese era eccellente, trovandosi sopraelevata rispetto all'area di avanzata del nemico. L'*Oberst* von Spee riuscì a far giungere di rinforzo anche quattro carri Tigre[1]: due di essi presero posizione ai margini del bosco, mimetizzandosi opportunamente, mentre gli altri due si piazzarono ai lati dell'autostrada.

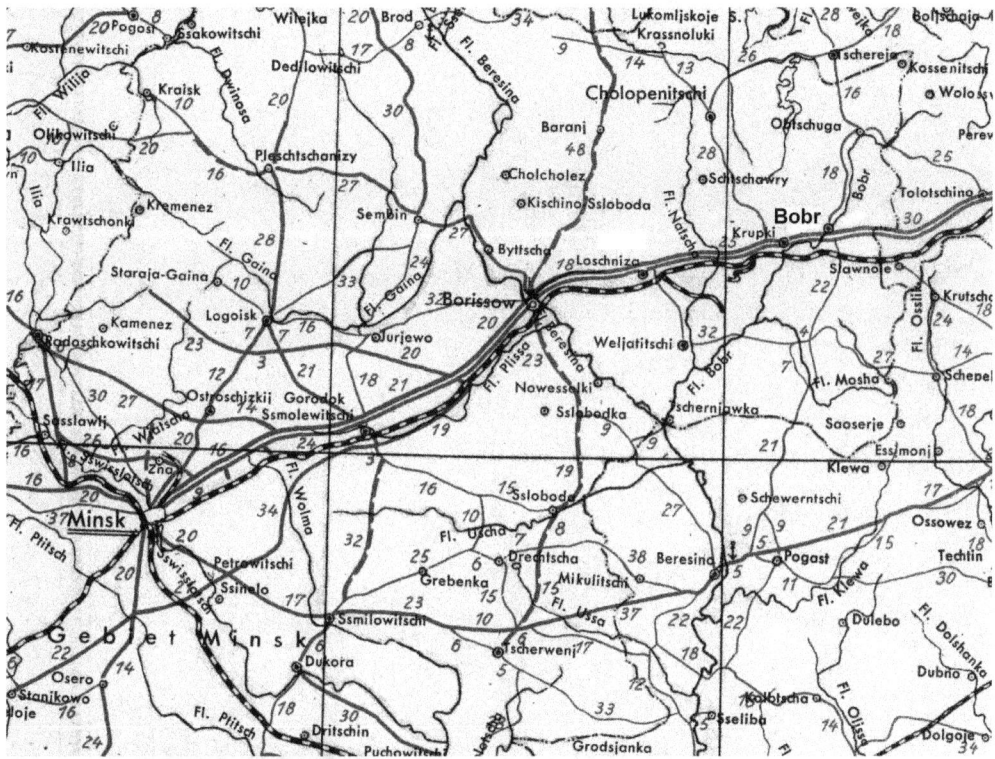

Mappa della Bielorussia con la posizione di Bobr in alto a destra.

Un carro Tigre dello *Schwere Panzer-Abteilung 505*, 1944.

I loro cannoni da 88mm avrebbero dato una mano agli scarsi pezzi anticarro da 37mm in dotazione ai reparti francesi. Il 24 giugno, i sovietici attaccarono le posizioni tenute dai francesi: iniziarono ad arrivare prima i carri che a metà strada si fermarono aspettando l'arrivo della fanteria di appoggio. Puaud arrivò in mezzo ai suoi uomini in prima linea urlando: "*dobbiamo tenere il più a lungo possibile*". I quattro carri Tigre con il loro fuoco preciso e potente distrussero uno ad uno i carri sovietici. I mortai e le mitragliatrici francesi si occuparono invece della fanteria sovietica, messa subito in fuga. Nella notte, a dar man forte ai francesi arrivarono elementi di un reggimento di Polizia SS, portando con loro anche alcuni pezzi anticarro da 75 mm.

Legione dei Volontari Francesi contro il bolscevismo

Posizioni tedesche colpite dall'artiglieria sovietica.

All'alba del 26 giugno, l'artiglieria sovietica iniziò a colpire le posizioni franco-tedesche: al posto di soccorso del dottor Pierre Métais, ufficiale medico in seno al I Battaglione, iniziarono ad arrivare i primi feriti con i corpi dilaniati dalle esplosioni. Le perdite aumentarono sensibilmente quando i sovietici iniziarono ad impegnare anche i lanciarazzi *Katiuscia*. La fanteria sovietica attaccò subito dopo il villaggio di Bobr: i primi ad essere investiti furono i legionari della compagnia Rigeade, appostati nel cimitero. Guidati dal loro comandante, i francesi riuscirono a respingere i sovietici dopo furiosi combattimenti, durante i quali lo stesso Rigeade restò gravemente ferito alla testa; il sottotenente Michel de Genouillac prese il suo posto.

L'equipaggio di un Tigre dello *s.Pz.Abt.505* durante i combattimenti sul fronte dell'Est, 1944.

Postazione difensiva sotto attacco nemico.

Dopo un periodo di relativa calma, i sovietici ritornarono all'attacco; questa volta con un'intera formazione blindata forte di circa cinquanta carri; il maggiore Bridoux diede l'allarme ai Tigre dello *s.Pz.Abt.505*. Il comandante tedesco rassicurò il francese: "*Fate passare i carri, ci penseremo noi, voi pensate alla fanteria*".

Legione dei Volontari Francesi contro il bolscevismo

L'*Hauptmann* Werner Freiherr von Beschwitz, comandante dello *s.Pz.Abt.505*, decorato con la Croce di Cavaliere il 27 luglio 1944 proprio per l'eccellente prova dei suoi Tigre durante le fasi iniziali dell'operazione *Bagration*.

Uno *Sherman* sovietico distrutto a Bobr, 1944.

I Tigre aprirono il fuoco a grande distanza facendo strage di *T-34* e carri *Sherman*. Molti carri sovietici furono distrutti anche grazie al fuoco dei pezzi anticarro da 75mm. Il campo di battaglia si riempì di carcasse di carri distrutti, impedendo ai carri nemici in grado di marciare e di proseguire oltre. Sei carri sovietici riuscirono ad avvicinarsi alle posizioni tedesche: quattro furono subito distrutti dai Tigre, gli altri due dai pezzi anticarro da 37mm dei francesi. Ai francesi giunse l'ordine di continuare a resistere. Alle 23:00 del 26 giugno, i sovietici lanciarono un nuovo attacco in forze. Il cimitero di Bobr cadde nelle loro mani, dopo che i resti della compagnia francese si erano fatti massacrare fino all'ultimo. I carri Tigre fermarono l'avanzata dei carri nemici, dando la possibilità ai francesi di contrattaccare; i legionari andarono all'assalto del cimitero, sloggiando i sovietici dopo furiosi combattimenti corpo a corpo. All'alba del 27 giugno, i sovietici tornarono all'assalto: una massa di mezzi corazzati dilagò nella pianura seguita da una massa di fanteria altrettanto copiosa. Il fuoco dei Tigre continuò a fare strage di carri sovietici mentre la fanteria cadeva sotto il fuoco delle armi pesanti francesi. Tre carri sovietici riuscirono a raggiungere il cimitero, ma i pezzi anticarro agli ordini del tenente Noël Piqué, nascosti proprio in quel punto, ne distrussero due. Al momento di colpire il terzo carro, lo stesso Piqué cadde colpito dal fuoco nemico. Alle 8:00 di mattina, i sovietici erano riusciti ad attestarsi a nord del cimitero e lungo la ferrovia. Nel momento in cui i sovietici stavano per lanciare un nuovo assalto, alle 9:00 arrivò il colonnello Puaud con l'ordine di ripiegamento. Durante i combattimenti nell'area di Bobr, malgrado la violenza dei combattimenti, la Legione francese lamentò

Postazione difensiva tedesca sul fronte di Bobr, 1944.

perdite contenute: 41 caduti e 24 feriti. 57 carri sovietici erano stati distrutti, e la piana davanti a Bobr era cosparsa da centinaia di cadaveri sovietici. Il sacrificio dei legionari francesi nell'area di Bobr nel ritardare l'avanzata dei sovietici, aveva permesso l'evacuazione di migliaia di feriti dagli ospedali di Borissov e Minsk ed alle unità tedesche di potersi ritirare ordinatamente.

Il 28 giugno 1944, in un comunicato ufficiale dell'Armata Rossa fu riportato: *"Sul fiume Bobr, delle unità blindate appartenenti al 2° Fronte Bielorusso sono state fermate dalla resistenza accanita di due divisioni francesi"*[2].

In quello stesso periodo, il colonnello Puaud ordinò al capitano Jean Schlister di completare la formazione del nuovo IV battaglione per la Legione, che doveva essere aggregato ad una divisione di sicurezza tedesca, ma alla fine non fu mai costituito.

Sul fronte di Minsk

Caduta la linea difensiva Vitebsk – Orscha – Moghilev - Bobruisk, Hitler ordinò ai suoi generali di stabilire una nuova linea difensiva lungo il corso della Beresina. La legione francese insieme ad altre unità tedesche

Legionari del III/LVF in un villaggio bielorusso, 1944.

fu così impegnata nello stabilire una testa di ponte sulla riva orientale della Beresina davanti a Borissov. Nel pomeriggio del 28 giugno, il tenente Jean Fatin con la sua *1.Kompanie* insieme con i superstiti del III battaglione si attestò lungo l'autostrada ad est di Borissov. Durante la notte, in quella stessa giornata, il maggiore Bridoux riuscì a recuperare le due compagnie del I battaglione a sud di Laonitza. I legionari erano a corto di equipaggiamento e munizioni. Il II battaglione, agli ordini del maggiore Tramu, da

Legione dei Volontari Francesi contro il bolscevismo

Reparti di fanteria in ripiegamento nell'area di Minsk.

Legionari del III battaglione con il loro gagliardetto.

Moghilev semicircondata dalle forze sovietiche si diresse verso Belynici, dove coprì la ritirata alla *Pz.Gren.Division 'Feldherrnhalle'*, battendosi contemporaneamente contro l'Armata Rossa e le forze partigiane. Sulla testa di ponte di Borissov, intanto la compagnia di Fatin si stava già battendo contro le avanguardie sovietiche; senza l'appoggio dei carri e delle armi pesanti, per i francesi appariva impossibile respingere l'assalto delle formazioni corazzate sovietiche. I pochi pezzi anticarro da 37 mm, scalfivano appena la corazza dei carri a meno che non fossero ad una distanza inferiore ai cinquanta metri, cioè una distanza da suicidio per i serventi del pezzo. I combattimenti difensivi si protrassero fino al 30 giugno poi Puaud fu costretto ad ordinare il ripiegamento. Sfruttando un momento di relativa calma nel settore, e coperti dal fuoco di appoggio di alcune unità tedesche, i legionari francesi ripiegarono verso ovest. Anche gli uomini del II battaglione dopo aver combattuto a Belynici attraversarono la Beresina per unirsi ai resti della Legione: il raggruppamento delle unità francesi avvenne a pochi chilometri ad est di Minsk. Il 1° luglio, i sovietici iniziarono a stringere la loro morsa intorno alla città attaccando da nord-est e sud-est. Puaud ricevette l'ordine di impegnare i suoi uomini nella difesa di Minsk: il maggiore Bridoux con i resti del I battaglione fu inviato a difendere un deposito di munizioni a sud della città. Il 3 luglio, i sovietici penetrarono dentro Minsk e i francesi dovettero ritirarsi ancora verso ovest. Più della metà degli effettivi della Legione era però rimasta indietro. Dal 9 luglio, tutti i superstiti della LVF furono ritirati dal fronte e spediti verso Kaunas in Lituania dove rimasero fino al 15 luglio. Il 18 luglio, furono trasferiti al campo di Greiffenberg in Prussia orientale. Qui, attesero il trasferimento nella *Waffen-SS*, per formare una nuova unità francese che doveva accogliere tutti i volontari francesi arruolati nelle varie unità tedesche.

Note

[1] Si trattava dei Tigre dello *Schwere Panzer-Abteilung 505*, agli ordini dell'*Hauptmann* Werner Freiherr von Beschwitz. Il battaglione corazzato pesante fu impegnato alla fine di giugno del 1944 proprio nel settore di Bobr, sulla sponda occidentale del fiume, combattendo a Ossinowka, Krupki e distruggendo numerosi carri sovietici.

[2] R. Forbes, *"For Europe: the French volunteers of the Waffen-SS"*, pagina 135.

Legione dei Volontari Francesi contro il bolscevismo

Durante tre inverni, la LVF si è coperta di gloria per la Francia e per l'Europa.

Le bandiere della Legione Volontaria Francese

Il primo modello della bandiera della Legione, 1941.

Il secondo modello, adottato nell'agosto del 1943.

Legione dei Volontari Francesi contro il bolscevismo

Legionari francesi sul fronte dell'Est, primavera 1943.

Legione dei Volontari Francesi contro il bolscevismo

Comandanti di reparto della LVF 1941-1944

Ottobre 1941 – Marzo 1942

<u>Comandante</u>: *Oberst* Roger Labonne
<u>Aiutante</u>: *Hauptmann* Antoine Casabianca
<u>Capo di Stato Maggiore</u>: *Major* Maurice De Planard De Villeneuve (fino al 29 nov. 1941)
<u>Ufficiale di ordinanza</u>: *Leutnant* Jacques Doriot
<u>Cappellano militare</u> : *Leutnant* Jean De Mayol De Lupe

<u>Compagnia di Stato Maggiore</u>:   *Hauptmann* Tixier (fino al 2 novembre 1941)
                                               Hauptmann Poisson (dal 2 nov. 1941 al marzo 1942)

<u>Sezione di propaganda (PK)</u>:   *Oberleutnant* Jean van Ormelingen
                                           Oberleutnant Jean Fontenoy

<u>Colonna rifornimenti</u>: *Hauptmann* Paul Caboche

I Battaglione

<u>Comandante</u>:   *Major* Louis Baud (fino alla fine di ottobre 1941)
                    Hauptmann Louis Leclercq (fine ottobre – 29 novembre 1941)
                    Major Maurice De Planard De Villeneuve
                    Hauptmann Henri Lacroix (dal 10 dicembre 1941 al 9 dicembre 1942)

<u>Aiutante</u>:   *Hauptmann* Max Catteau (dal 6 novembre al 29 novembre 1941)
                    Hauptmann Henri Lacroix (dal 29 novembre 1941 al 10 dicembre 1941)
                    Hauptmann Max Chateau

<u>Ufficiale di ordinanza</u>: *Oberleutnant* Charles Tenaille (dal 25 novembre 1941)
<u>Ufficiale medico</u>: *Hauptmann* Maurice Fleury (1941-febbraio 1944)
        <u>Aiutante</u>: *Leutnant* Paul Arnauld

1ª compagnia: *Hauptmann* Alphonse Vermuth (ottobre-novembre 1941)
                      Oberleutnant Yourievitch (fino al 29 novembre 1941)
                      Oberleutnant Jean Genest (dal 29 novembre al 2 dicembre 1941)
                      Oberleutnant Jean Dupont (dal 2 al 6 dicembre 1941)
                      Leutnant Blanchard (guidò i resti della 1ª e della 2ª compagnia)

2ª compagnia: *Hauptmann* Max Chateau (fino al 6 novembre 1941)
                      Oberleutnant Jean Dupont (dal 6 novembre 1941 al 6 dicembre 1941)
                      Leutnant Blanchard

3ª compagnia: *Hauptmann* Henri Sirjean
                      Oberleutnant Dimitri Vassilievitch Koptev (dal 2 al 29 novembre 1941)
                      Oberleutnant Albert Douillet (dal 29 novembre 1941)

4ª compagnia: *Oberleutnant* Adamovitch (fino al settembre 1941)
                      Major Louis Leclercq (settembre 1941-fine ottobre 1941)
                      Major Henri Lacroix (fine ottobre 1941-29 novembre 1941)

Legione dei Volontari Francesi contro il bolscevismo

Oberleutnant Charles Tenaille (dal 29 novembre 1941 al 6 dicembre 1941)
Oberleutnant Frédéric Pompidou

II Battaglione

<u>Comandante</u>: *Major* André Girardeau
<u>Aiutante</u>: *Oberleutnant* Francis Mangin
<u>Ufficiale medico</u>: *Hauptmann* Paul Senechal

5ª compagnia: *Oberleutnant* Canteau

6ª compagnia: *Hauptmann* Buisson
Hauptmann Maurice Zeller (fine settembre 1941-1 dicembre 1941)
Oberleutnant Nöel Piqué (dal 1 dicembre 1941)

7ª compagnia: *Hauptmann* Max Chateau (dal novembre 1941)

8ª compagnia: *Hauptmann* Jean Rollet

13ª compagnia (mortai): *Hauptmann* Michel Zegre (fino al 2 novembre 1941)
Major Jean Hugla

14ª compagnia (anticarro): *Hauptmann* Albert Bouyol (fino al 2 novembre 1941)
Major Jean Hugla (fino al 10 novembre 1941)
Hauptmann Yves Sauvain (dal 10 novembre 1941)

Aprile 1942 – Settembre 1943

I Battaglione

<u>Comandante</u>: *Major* Henri Lacroix (10 dicembre 1941 - 9 dicembre 1942)
Major Henri Poisson (ad interim: dicembre 1942)
Major Jean Simoni (22 dicembre 1942 – 11 maggio 1943)
Major Henri Poisson
Major Georges Cartaud

<u>Compagnia di Stato Maggiore</u>: *Hauptmann* Max Chateau
Hauptmann Alphonse Hays (fino al dicembre 1942)
Hauptmann Jean Boudet-Gheusi (fino al settembre 1943)

<u>Ufficiale medico</u>: *Hauptmann* Maurice Fleury (1941-febbraio 1944)

1ª compagnia: *Major* Georges Cartaud (1942 – Settembre 1943)

2ª compagnia: *Hauptmann* Pierre Michel
Oberleutnant Raymond Jeanvoine (agosto 1942 – dicembre 1942)
Hauptmann Jean Bassompierre

3ª compagnia: *Oberleutnant* Nöel Piqué

III Battaglione

<u>Comandante</u>: *Oberst* Albert Ducrot (novembre 1941 – giugno 1942)
Hauptmann André Demessine (7 giugno 1942 – 15 gennaio 1943)

Legione dei Volontari Francesi contro il bolscevismo

                  Hauptmann Jacques Madec (ad interim: 15 gennaio – 28 gennaio 1943)
                  Major Eugène Panne (28 gennaio 1943 – 18 febbraio 1944)

Aiutante: *Hauptmann* Bondy (novembre 1941 – inizio 1942)
                 Hauptmann Ernest Estel (gennaio 1943 – 5 agosto 1943)
                 Leutnant Léonard Pasquet de la Forêt (dicembre 1942 – 1944)

Ufficiale di ordinanza: *Leutnant* Michel Auphan (giugno – dicembre 1942)
Ufficiale addetto alle informazioni: *Leutnant* Jacques Doriot (aprile 1943 – 1944)

Ufficio I/B (armi e materiali):   *Leutnant* Alphonse Godin
                                    Oberleutnant Lucien Mesleard
                                    Leutnant Raymond Daffas (maggio 1943 – 1944)

Ufficio IV/A (Amministrazione): *Leutnant* Friedrich-Wilhelm Kilfitt
Ufficio IV/B (servizi medici): *Major* Max Lelongt

Ufficiale addetto ai rifornimenti: *Hauptmann* Justin Chautard
Tesoriere: *Oberleutnant* Gaston Richard (28 marzo 1943 – 16 ottobre 1943)
Corrispondente di guerra (PK): *Leutnant* Alfred Caton e *Unteroffizier* Gérald de Baecker

Compagnia di Stato Maggiore: *Hauptmann* Michel Zègre
                                    Leutnant Léonard Pasquet de la Forêt (giugno – dicembre 1942)
                                    Leutnant Clément Samboeuf (ad interim febbraio 1943)
                                    Oberleutnant Raymond Gaillard (febbraio – luglio 1943)
                                    Hauptmann Michel Bisiau (luglio 1943 – 1944)

Plotone anticarro (tre pezzi da 37 mm): *Hauptmann* Jacques Martin (1942 – marzo 1944)
Plotone mortai (sei pezzi da 80): *Leutnant* Just Verney (dicembre 1941 – settembre 1942)

9ª compagnia: *Oberleutnant* Lucien Mesleard (maggio 1942 – febbraio 1943)
                    Oberleutnant Alain Prevost (febbraio 1943 – 11 settembre 1943)
                    Oberleutnant Raymond Gaillard (11 settembre 1943 – novembre 1943)

10ª compagnia: *Hauptmann* Maurice Berret (giugno – dicembre 1942)
                     Hauptmann Raymond Dewitte (dicembre 1942 – 4 agosto 1943)
                     Oberleutnant Bernard Boillot (agosto – novembre 1943)

11ª compagnia: *Hauptmann* André Demessine (1941 – 7 giugno 1942)
                     Hauptmann Georges Flamand (7 giugno 1942 – dicembre 1942)
                     Hauptmann Jacques Madec (dicembre 1942 – gennaio 1943)
                     Oberleutnant Jean Neveux (1943 – febbraio 1944)

Settembre 1943 – agosto 1944

Comandante: *Oberst* Edgar Puaud (settembre 1943 – agosto 1944)
Ufficiale d'ordinanza: *Leutnant* Philippe Rossignol (giugno - agosto 1944)

Compagnia di Stato Maggiore: *Hauptmann* Henri Guiraud (nov. 1943 – giugno 1944)
                                    Oberleutnant Nöel Piqué

Legione dei Volontari Francesi contro il bolscevismo

I Battaglione

<u>Comandante</u>: *Hauptmann* Jean Bassompierre (ad interim ottobre - novembre 1943)
Major Jean Bridoux (novembre 1943 – agosto 1944)

<u>Ufficio IV/B (ufficiale medico)</u>: *Hauptmann* Maurice Fleury (1941 – febbraio 1944)
Oberleutnant Pierre Metais

<u>Ufficiale addetto alle informazioni</u>: *Leutnant* Roger Le Cornec (1944)
<u>Cappellano militare</u>: *Leutnant* Just Verney (novembre 1943 – agosto 1944)
<u>Corrispondente di guerra</u>: *Leutnant* Albert Le Merrer

<u>Compagnia di Stato Maggiore</u>: *Hauptmann* Jean Boudet-Gheusi (fino al settembre 1943)

1ª compagnia: *Hauptmann* Jean Boudet-Gheusi (settembre 1943 – marzo 1944)
Hauptmann René Obitz (1944)
Oberleutnant Jean Fatin (metà giugno 1944)

2ª compagnia: *Hauptmann* Jean Bassompierre
Oberleutnant Alfred Falcy (ottobre 1943 – 1944)

3ª compagnia: *Oberleutnant* Nöel Piqué
Oberleutnant François Gaucher (marzo 1944)
Hauptmann Jacques Martin (marzo1944 – 24 giugno 1944)
Leutnant Yves Rigeade (20 maggio – 12 giugno 1944; 24-27 giugno 1944)
Leutnant Michel De Genouillac (dal 27 giugno 1944)

II Battaglione (formato nel novembre 1943)

<u>Comandante</u>: *Major* Jean Tramu

<u>Aiutante</u>: *Hauptmann* Maurice Berret (dicembre 1943 – febbraio 1944)
Hauptmann Jean Boudet-Gheusi (marzo – aprile 1944)
Oberleutnant Guillaume Veyrieras (aprile – luglio 1944)

<u>Ufficiale di ordinanza</u>: *Leutnant* Jean Mailhe
<u>Ufficio IV/A (intendenza)</u>: *Oberleutnant* Roger Raclot
<u>Ufficio IV/B (ufficiale medico)</u>: *Leutnant* Gilles Imbaud
<u>Ufficio IV/C (Ufficiale addetto alle informazioni)</u>: *Hauptmann* Henri Remy

<u>Compagnia di Stato Maggiore</u>: *Hauptmann* Henri Remy

5ª compagnia: *Oberleutnant* Guillaume Veyrieras
Hauptmann Roger Vincent

6ª compagnia: *Hauptmann* Jean-Marie Pruvost
Hauptmann Henri Remy (dalla fine di marzo 1944)

7ª compagnia: Roger Audibert (gennaio – agosto 1944)

III Battaglione

<u>Comandante</u>: *Major* Eugène Panné (28 gennaio 1943 – 18 febbraio 1944)

Legione dei Volontari Francesi contro il bolscevismo

Hauptmann Maurice Berret (fine febbraio – agosto 1944)

Ufficiale di ordinanza: *Leutnant* Léonard Pasquet De La Foret
Ufficiale addetto alle informazioni: *Leutnant* Jacques Doriot (aprile 1943 – 1944)
Ufficiale medico: *Major* Max Lelongt
Ufficiale addetto ai rifornimenti: *Hauptmann* Justin Chautard
Ufficiale addetto alle armi: *Leutnant* Raymond Daffas (maggio 1943 – 1944)
Corrispondente di guerra: *Leutnant* Alfred Caton

Compagnia di Stato Maggiore: *Hauptmann* Michel Bisiau (luglio 1943 – 1944)
    Plotone anticarro (tre pezzi da 37): *Hauptmann* Jacques Martin (1942 – marzo 1944)
    Plotone 'caccia': *Oberleutnant* Jacques Seveau (15 ottobre 1943 – febbraio 1944)
    Plotone di cavalleria (passò allo stato maggiore reggimentale alla fine del 1943): Lucien Gobion

9ª compagnia: *Oberleutnant* Raymond Gaillard (11 settembre 1943 – novembre 1943)
              Oberleutnant Bernard Boillot

10ª compagnia: *Oberleutnant* Bernard Boillot (agosto – novembre 1943)
              Hauptmann Maurice Berret (novembre 1943 – dicembre 1943)
              Hauptmann Roger Euziere (gennaio 1944 – luglio 1944)

11ª compagnia: *Oberleutnant* Jean Neveux (1943 – febbraio 1944)
              Oberleutnant Jacques Seveau

IV Battaglione (parzialmente formato)

13ª compagnia: *Hauptmann* Emile Auffray
14ª compagnia: *Hauptmann* Pierre Louis De la Ney Du Vair

Il tenente Jacques Doriot per le strade di Parigi, vicino ad alcuni manifesti della LVF.

Bibliografia

Fonti primarie

Archivi pubblici
Bundesmilitär-archiv, Freiburg, Germany
Berlin Document Center, Germany
Washington, D.C. National Archives and Records Administration (U.S. NARA)

Pubblicazioni dell'epoca
Magazine *Das Schwarze Korps*
Magazine *Signal* some editions and some numbers
Magazine *Stuttgart Jllustriertei*
Magazine *Devenir*, 1944

Libri
LVF: legion des volontaires francais contre le bolchevisme, 1943
La Waffen-SS, Armée de la nouvelle Europe, 1943
"*La SS t'appelle*", 1943

Fonti secondarie: libri pubblicati

M. Afiero, "*I volontari stranieri di Hitler*", Ritter editrice, Milano 2001
M. Afiero, "*La Crociata contro il bolscevismo. Volume 1: le legioni volontarie europee*", Marvia Editrice
M. Afiero, "*divisione Charlemagne*", Marvia Editrice
M. Afiero, "*11.SS-Frw.Gren.Div. 'Nordland*", Associazione Culturale Ritterkreuz
Grégory Bouysse, "*Encyclopédie de l'Ordre Nouveau - Hors-série - Français sous l'uniforme Allemand Partie III : Légion des Volontaires Français contre le bolchevisme*" pubblicato in proprio
K.W. Estes, "*A European Anabasis: western european volunteers in the German Army and SS 1940-1945*", Columbia University Press
R. Forbes, "*For Europe: the French volunteers of the Waffen-SS*", Helion & Company Ltd
P. Hausser, "*Waffen SS im Einsatz*", Oldendorf 1953
E. G. Kraetschmer, "*Die Ritterkreuztraeger der Waffen-SS*", Preussisch Oldendorf 1982.
P. P. Lambert, G. Le Marec, "*Les francais sous le casque allemand*", Jacques Grancher Editeur
R. Landwehr, "*French Volunteers of the Waffen SS*", Siegrunen Edition
D. Littlejohn, "*Foreign legions of Third Reich: volume 1*", James Bender Publishing
R. Lumsden, "*la vera storia delle SS*", Newton & Compton Editori
Christophe Leguérendais, "*Sotto le insegne del Terzo Reich*", L'Assalto Edizioni
Jean Mabire, Éric Lefebvre, "*La légion perdue, face aux partisans 1942*", Éditions Grancher
Jean Mabire, Éric Lefebvre, "*Sur le pistes de la Russie centrale*", Éditions Grancher
H.W.Neulen, "*An deutscher Seite, Internationale Freiwillige von Wehrmacht und Waffen SS*", Universitas 1985
G.H. Stein, "*The Waffen-SS: Hitler's Elite Guard at War 1939-1945*", Cornell University Press

Legione dei Volontari Francesi contro il bolscevismo

G. Tessin, *"Verbande und truppen der deutschen Wermacht und Waffen-SS"*, Biblio Verlag
H. Werner, *"Verbande und truppen der deutschen Wermacht und Waffen-SS"*, Biblio Verlag
G. Williamson, *"Storia Illustrata delle SS"*, Newton & Compton editori

Riferimenti foto
Bundesarchiv
U.S. National Archives
Collezione Massimiliano Afiero
Collezione Chris Chatelet
Collezione Rene Chavez
Collezione Grégory Bouysse

N.B. Per alcune foto (provenienti principalmente dal web o da altre fonti) non è stato possibile reperire la fonte, per cui l'Autore si dichiara pienamente disponibile ad indicare la fonte originaria in una prossima edizione di questa pubblicazione.

L'Europa ha conosciuto il bolscevismo ed essa lo combatterà fino alla vittoria finale!

INDICE

La Legione dei volontari francesi 5
Cap. I) Formazione della Legione 7
    Campagna arruolamenti 8
    Formazione dell'unità 10
Cap. II) Sul fronte dell'Est 17
    Operazione Tifone 19
    Impiego dei reparti della LVF 21
    La controffensiva sovietica 25
    Bilancio negativo 28
Cap. III) Riorganizzazione della Legione 31
    Epurazione dei reparti 33
    I sovietici attaccano 34
    Prime decorazioni 37
Cap. IV) L'impiego del III battaglione 41
    La battaglia del Volost 46
    Nuove operazioni 52
Cap. V) La Legione Tricolore 53
    La Phalange Africaine 56
    Kompanie Frankonia 59
Cap. VI) Il ritorno del I battaglione al fronte 63
    Sul fronte della Desna 70
    Ricongiungimento dei due Battaglioni 72
Cap. VIII) Operazioni nell'estate del 1943 75
    Rinasce la Legione 78
Cap. IX) Sul fronte della Beresina 79
    La foresta di Somry 81
    Operazione Marocco 83
    Nuovi reclutamenti 84
    La colonna Martin 85
Cap. X) Gli scontri sul fronte di Bobr 89
    Sul fronte di Minsk 94
Le bandiere della Legione Volontaria Francese 97
Comandanti di reparto della LVF 1941-1944 99
    Ottobre 1941 – Marzo 1942 99
    Aprile 1942 – Settembre 1943 100
    Settembre 1943 – agosto 1944 101
Bibliografia 104

TITOLI PUBBLICATI - ALREADY PUBLISHING

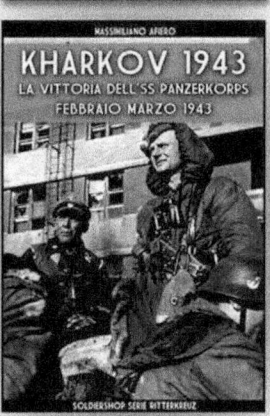